Jacky의
영어 발음 혁명

Jacky의 영어 발음 혁명

발행일	2019년 4월 26일		
지은이	안병석		
펴낸이	손형국		
펴낸곳	(주)북랩		
편집인	선일영	편집	오경진, 강대건, 최승헌, 최예은, 김경무
디자인	이현수, 김민하, 한수희, 김윤주, 허지혜	제작	박기성, 황동현, 구성우, 장홍석
마케팅	김회란, 박진관, 조하라		
출판등록	2004. 12. 1(제2012-000051호)		
주소	서울시 금천구 가산디지털 1로 168, 우림라이온스밸리 B동 B113, 114호		
홈페이지	www.book.co.kr		
전화번호	(02)2026-5777	팩스	(02)2026-5747

ISBN   979-11-6299-622-5 13740 (종이책)   979-11-6299-623-2 15740 (전자책)

이 도서의 국립중앙도서관 출판예정도서목록(CIP)은 서지정보유통지원시스템 홈페이지(http://seoji.nl.go.kr)와
국가자료공동목록시스템(http://www.nl.go.kr/kolisnet)에서 이용하실 수 있습니다.
(CIP제어번호: CIP2019014257)

(주)북랩 성공출판의 파트너

북랩 홈페이지와 패밀리 사이트에서 다양한 출판 솔루션을 만나 보세요!

홈페이지 book.co.kr   •   **블로그** blog.naver.com/essaybook   •   **원고모집** book@book.co.kr

도표 하나로 풀어낸 영어 발음 ——— **Jacky의**

영어 발음 혁명

안병석 지음

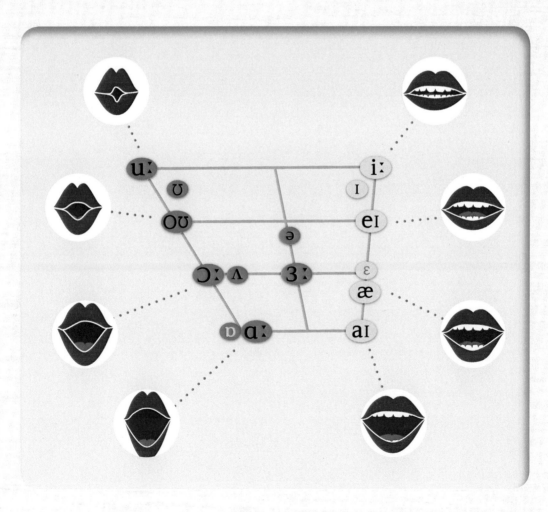

북랩 book Lab

IPA라는 용어를 들어본 적 있는가? 전 세계 언어의 소리를 표기할 문자를 정하고 관리하는 단체이다. 발음기호들을 정리하는 곳이라 할 수 있다. 학교 다닐 때는 들어보지 못했던 단체이다. IPA에서 만든 국제음성기호 발음도표를 발견하고 이 책을 쓰기로 마음먹었다.

수년 전 영어회화 관련 모바일 앱을 개발하면서 음성 인식(STT, Speech To Text), 음성 합성(TTS, Text To Speech) 기능을 넣어 프로그래밍해야 했다. 영어 발음의 기본 지식이 필요해서 발음을 직접 익혀보기로 마음먹고 시중에 나와 있는 영어 발음 교재를 모두 살펴봤지만, 학창 시절 수업시간에 배우던 것과 크게 다르지 않았다. 소리에 대한 설명, 특히 영어 모음 설명이 너무나 빈약했다. "한국어의 '아'와 비슷한데 입을 좀 더 크게 벌려라"라거나 "우리말 '아'도 아니고 '어'도 아닌 어중간한 소리이다" 또는 "우리말 '어'보다 힘주어 세게 소리 내라" 이런 식이었다. 영어 발음 관련 웹페이지나 원어민의 유튜브 강좌를 뒤져봐도 제대로 된 모음 설명은 없었다. 그런데 구글링을 통해 IPA 도표를 찾아내고 희망이 생겼다. IPA 관련 자료를 추가로 찾으면서 더 많은 사실을 알 수 있었고 소리와 소리를 이어붙이는 TTS 프로그램 구현 과정에서도 영어 발음에 새로운 방식으로 접근하는 아이디어를 얻을 수 있었다. MRI 기계 속에서 말하는 영상을 보면서 영어 모음 혀 모양을 분석하기도 했다. 여러 사람의 혀 모양에서 공통점을 찾고 IPA가 제시하는 기준과 비교했다. 결국 IPA를 넘어서는 아주 쉽고 새로운 발음 방법을 찾았다.

영어 모음을 완전히 새로운 방식으로 정리했다. 영어 모음을 도표 하나로 쉽게 설명한다. 영어 자음도 그림 하나로 모아서 정리했다. 유성음, 무성음으로 짝을 짓고 소리 나는 부위를 기준으로 6그룹으로 설명한다. 쉽게 기억하고 발음할 수 있을 것이다.

이 책은 단기간에 효과적으로 익힐 수 있도록 미사여구 없이 핵심만 정확하게 설명한다. 기존의 교재들처럼 이것저것 복잡하게 무언가를 애써 외울 필요도 없다. 영어 발음을 쉽게 하기 위한 팁들이 곳곳에 들어 있다. 영어 발음, 정말 쉽다. 다시 한 번 도전해 보기 바란다.

외국에 나간 한국 젊은이들이 영어 발음 때문에 바보 취급을 당하거나 허드렛일만 도 맡아 하는 경우가 있는 것으로 알고 있다. 발음만 해결되면 충분히 고급 일자리를 차지할 사람들이 말이다. 직장에서 필요한 회화 문장 몇백 개 정도는 금방 외우고 적용할 수 있는 정말 똑똑한 사람들 아닌가? 발음 때문에 하층민 취급받아서야 되겠는가?

우리는 영어를 매우 잘못된 방식으로 배워왔다. 발음을 제대로 익히지 않고 문법 위주의 시험공부에 매달려왔다. 모래 위에 탑을 쌓는 것과 다르지 않다. 영어 공부에 오랜 시간을 투자했지만 말 한마디 꺼내기 어려워하는 분들이 많다. 발음부터 다시 시작해야 한다. 정확한 영어 발음은 새로운 기억회로가 되어줄 것이다. 완벽한 영어 발음은 영어 공부의 고속도로가 될 것이다. 외국인과의 대화에 자신감이 생기고 영어 공부도 즐거워질 것이다. 잘못된 영어 발음 때문에 주눅이 들거나 머뭇거리지 않게 될 것이다. 영어 발음을 포기하셨던 분들, 영어 면접을 앞둔 분들, 외국에서 영어 발음 때문에 고생하시는 분들, 아이에게 영어 발음을 가르쳐 주고 싶은 부모님들, 외국으로 진출하고 싶지만 영어 발음 때문에 망설이고 계신 분들, 특히 단기속성으로 좋은 영어 발음을 갖고 싶은 분들에게 큰 도움이 되리라 확신한다.

수년간 영어 발음 연구에 매진하면서 가정에 소홀히 했음에도 따뜻한 애정으로 보듬어준 나의 사랑하는 아내와 딸에게 미안하고 고맙다는 말을 전한다. 그리고 이 책이 출판되기까지 노고를 아끼지 않고 도와주신 출판사 편집자 및 관계자 여러분께 감사드린다.

2019년 4월
저자 **안병석**

깔끔하게 정리된 새로운 발음 체계가 나왔기 때문이다.

이 책은 세상 어디에도 없던 영어 발음의 새로운 기준을 제시하고 있다. 책을 읽고 며칠만 연습해 보라. 얼마나 편리하고 간단한 발음 체계인지 알 것이다.

영어를 어렵게 만든 수많은 발음 법칙들이 문제다.

발음 법칙은 영어 소리를 한국어로 옮겨 소리를 표현하고 한국어로 이해하려다 보니 필요하게 된 것일 뿐이다. 영어 소리대로 정확하게 발음하면 당연히 그런 소리가 되고 발음 법칙도 거의 필요 없다.

발음을 공부하면 영어 기억 회로가 하나 더 생긴다.

발음을 완벽하게 익히면 원어민의 발음을 따라 하는 것이 아주 자연스럽고 쉬워진다. 소리를 듣는 즉시 입 모양과 연결되어 문장을 되뇌고 그 뜻을 유추해 낼 수 있게 되는 것이다. 영어를 이해하는 다른 회로 하나가 만들어지는 것이다.

단기간에 영어 발음을 이해할 수 있다.

한 시간이면 영어 모음을 이해하고, 하루만 투자하면 영어 발음 원리를 터득할 수 있을 것이다. 이 책을 하루 만에 다 읽는다면 말이다. 발음 원리를 알고 하나씩 고쳐나가면 얼마 지나지 않아서 원어민과 소통하는 데 문제없는 수준의 발음을 가질 수 있을 것이다. 영어 발음, 다시 한 번 시작해보자.

이 책의 구성과 활용법

단기간 벼락치기

이 책을 읽을 때 가장 중요한 것은 단기간에 영어 발음 표준을 잡는 것이다. 하루 만에 영어 모음과 자음의 소리 기준을 완벽하게 이해하고, 일주일 만에 발음 표준을 잡겠다는 마음 자세로 시작하기 바란다.

턱 위치 연습

She has an important   job   interview tomorrow

ʃiː hæs ən ɪmpɔːrtnt ʤaːb ɪntərvjʊ tmaːroʊ
02   260 43 32264222   083   32244223   228443

'Part 5. 문장 연습'의 각 문장에는 발음기호와 함께 턱 위치가 숫자(레벨×2)로 표시되어 있다. 턱 위치에 따라 혀가 같이 연동되어 움직이며 소리가 변화하는 개념이다. 정확한 위치로 턱과 혀를 움직이며 발음해 볼 수 있다.

원어민 음성 파일 및 강좌 동영상

MP3 오디오 파일이 본문 페이지에 QR 코드로 링크되어 있다. 스마트폰 카메라로 QR코드를 스캔하면 해당 파일의 링크로 이동되어 원어민 음성을 들어볼 수 있다. 전체 오디오 파일은 출판사 홈페이지에서 다운로드 받을 수 있다. 유튜브 채널

'Jacky영어발음'에 동영상 강좌를 올릴 예정이며 핵심이 되는 모음 강좌는 미리 만들어

서 QR코드 링크를 해당 페이지에 연결해 놓았다.

녹음하면서 연습

문장 연습을 할 땐 반드시 자신의 음성을 녹음해서 들어보면서 진행하기 바란다. 영상녹화 앱 'Retrica'를 사용하면 편리하다. 처음엔 느린 속도로 반복 연습하되 익숙해지면 반드시 빠른 속도로도 몇 번쯤 연습해 보는 것이 좋다. 빠른 속도로 발음이 잘 안된다는 것은 뭔가 움직임에 문제가 있어서일 수 있다. 반복하면서 문제점을 하나씩 개선해 나가도록 하자.

이 책을 보신 후

영어 발음이 어느 정도 수준에 다다르면 영어 스토리텔링을 준비하도록 하자. 짧은 시간 안에 영어를 잘하는 사람처럼 보이고 싶다면 답은 스토리텔링이다. 문법이나 시험을 위한 영어 공부를 할 게 아니라 말하는 연습을 하는 것이다. 원어민이 앞에 있다고 생각하고 다양한 주제의 영어 스토리를 연습해 보자. 문장을 노트에 정리하고 읽어보면서 발음을 익히고 자신의 목소리로 녹음해서 체크하고 다듬어 가면 좋을 것이다. '5-2. 장문 연습'에서 스토리텔링에 대해 다뤘다.

이 책을 미리 보신 분들의 추천 평

해외 세미나도 자주 참석하고 영어로 발표도 많이 하는데 영어 발음이 좋지 않아서 고민이었어요. 그런데 이 책을 보고 가슴이 뻥 뚫리는 느낌이 들었습니다. 특히 모음을 구조적으로 도표화한 Jacky 모음 도표는 정말 대박입니다. 도표를 보면서 링크된 동영상을 보니까 한눈에 모음을 파악할 수 있었어요. 혀 모양이나 문장발음은 아직 좀 더 연습해야겠지만 짧은 시간 안에 충분히 좋은 영어 발음을 가질 수 있겠다는 확신이 생겼습니다. 좋은 책 만들어 주셔서 감사합니다.

- 권오○(52)/대학 교수

올해 졸업이라 면접을 많이 보게 될 텐데 아주 큰 도움이 될 것 같습니다. 영문 자기소개서를 얼른 만들어서 발음 연습부터 해야겠습니다. 영어 모음의 원리를 알고 나니까 욕심이 생기네요.

- 임한○(23)/대학생

영어 발음을 원어민만큼 청산유수같이 빠르게 하지는 못해도 천천히 정확한 발음은 충분히 할 수 있게 되었어요. 나중에 제 아이의 발음 교정 정도는 해 줄 수 있지 않을까 생각됩니다. 아직은 천천히 연습하고 있는데 나날이 좋아지고 있다는 느낌이 듭니다.

- 김정○(46)/주부

솔직히 영어 발음에 그다지 관심이 없었어요. 영어를 자주 쓸 일도 없고 영어 발음은 뜻만 통하면 된다는 생각이었죠. 그런데 이 책을 보고 생각을 바꿨어요. 영어 발음을 제대로 한번 익혀보리라 다짐하고 있습니다. 해외여행 다닐 때 자신 있게 말할 수 있을 거 같아요.

- 문진○(40)/회사원

Part 1 | 영어 발음 준비운동

Part 6 | 발음 공부에 유용한 정보

Part 1

영어 발음 준비운동

우리는 영어 문장에서 단어의 스펠링을 보고 발음을 떠올려 읽어낸다. 같은 알파벳이라도 여러 가지의 소리로 발음되는 경우가 많기 때문에 정확한 발음으로 읽어내는 것은 쉬운 일이 아니다. 한국 사람들이 영어 발음을 어려워하는 이유가 무엇인지 한국어와 어떤 차이가 있는지 먼저 알아보도록 하자.

영어에는 알파벳 26글자가 있다. 26개의 알파벳 중 A, E, I, O, U 이 다섯 글자가 **모음**(Vowels)으로 분류되고 나머지 21글자는 **자음**(Consonants)으로 분류된다.

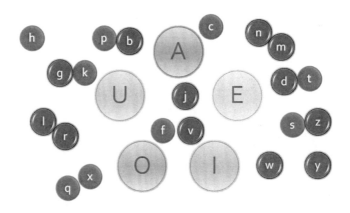

자음과 모음이 모여 단어를 구성하고 단어 여러 개가 문법에 맞게 모여 문장을 만들어낸다. 그런데 알파벳 문자 하나가 하나의 소리로 대응되는 것이 아니라 여러 소리로 변한다. 예를 들면 알파벳 'O'는 5개의 다른 소리로 발음된다. 자음인 W, Y는 모음으로 역할이 바뀌는 경우도 있다. 또한 하나의 소리를 하나의 문자로 대응시킬 수 없다. 발음기호 [ɑː](아)로 소리 나는 알파벳 조합이 아주 많다. 발음기호 [k]로 소리 나는 문자조합도 C, K, CH, Q로 여러 가지이다. 영어권에서는 주소나 이름을 이야기할 때 스펠링을 물어보는 것이 일상화되어 있다. 영어는 알파벳만으로는 발음을 정확하게 알 수 없기 때문에 사전을 만들 때 단어마다 발음기호를 따로 표기한다. 그래서 단어의 발음을 모를 때는 사전을 찾아서 **발음기호**를 확인하고 정확한 발음을 익혀야 한다. 발음기호는 모음의 경우 i ɪ e a æ u ʊ o ɔ ɑ ə ʌ ɛ ʒ (ɜ) 등 13~15개, 자음은 b d f g h j k l m n p r t v w s ʃ ʧ z ʒ ʤ ŋ θ ð로 23개가 있다. 알파벳보다 훨씬 많은 숫자의 소리표기용 발음기호가 있다. 이렇게 영어는 글자와 소리가 따로 노는 언어이기 때문에 소리를 체계적으로 정리하지 않으면 외우기도 어렵고 익히기도 어렵다. 이 책에서는 모음을 하나의 도표로 정리해서 설명한다. 자음도 소리 나는 위치별로 그룹을 지어 한눈에 파악할 수 있도록 정리했다.

영어 발음기호

어떤 발음기호가 있는지 살펴보도록 하자. 먼저 모음 발음기호부터 살펴보겠다. 모두 국내 인터넷 사전에서 사용되고 있는 발음기호들이다. 발음기호 설명은 지금까지 우리가 배워온 그대로 적어봤다. 발음 설명은 참고만 하기 바란다.

발음기호	한글 표기	발음 설명
u	우	우리말 '우'보다 입을 더 내밀어 강하게 발음한다.
ʊ	우	우리말 '우'보다 힘을 빼고 짧게 발음한다.
o	오	우리말 '오'보다 입을 좀 더 오므리고 발음한다.
ɔ	오	우리말 '오'와 '아'의 중간 정도로 발음한다.
ɑ	아	우리말 '아'보다 좀 더 입을 크게 벌리고 발음한다.
ʌ	어	우리말 '오'와 '어'의 중간쯤 어중간한 소리이다.
i	이	우리말 '이'보다 입을 가로로 더 벌리고 강하게 발음한다.
ɪ	이	우리말 '이'보다 힘을 빼고 짧게 발음한다.
e	에	우리말 '에'보다 입을 가로로 좀 더 벌려서 발음한다.
ɛ	에	우리말 '에'보다 입을 세로로 좀 더 벌려서 발음한다.
æ	애	입을 크게 벌려서 '애' 하고 강하게 발음한다.
a	아	우리말 '아'보다 세로로 입을 크게 벌리고 발음한다.
ə	어	우리말 '어'보다 힘을 빼고 짧게 발음한다.
ɜ	어	우리말 '어'보다 좀 더 입을 벌리고 발음한다.

무슨 소리인지 알 수 있겠는가? 설명이 틀렸다고 할 수는 없지만 어떻게 소리 내야 맞는지 정확한 소리 위치는 어디인지 알 수 없다. 여기서는 일단 각 발음기호가 무슨 소리

를 의미하는지만 알고 넘어가자. 실제 발음 연습은 모음을 구조적으로 이해한 후 하도록 하자.

　자음은 대부분 알파벳 명칭을 따라 소리 나기 때문에 어떤 소리인지 외우고 기억하기 쉽다. 그러나 자음도 마찬가지로 한국어로 표기할 때 애매한 소리들이 많다.

발음기호	한글 표기
b	ㅂ
d	ㄷ
f	ㅍ
g	ㄱ
h	ㅎ
j	여
k	ㅋ
l	ㄹ
m	ㅁ
n	ㄴ
p	ㅍ
r	ㄹ

발음기호	한글 표기
s	ㅅ
t	ㅌ
v	ㅂ
w	워
z	ㅈ
ð	ㄸ
ʤ	쥐
θ	ㅆ
ʃ	쉬
ʧ	취
ʒ	쥐
ŋ	ㅇ

　한국어로 표기하면서 공부하면 잘못된 발음을 하게 될 가능성이 매우 커지고 모음은 이미 잘못된 발음으로 기억하고 있는 경우가 많다. 그래서 정확한 발음을 다시 익히기가 쉽지 않을 수도 있지만 지금이라도 사전을 찾아가면서 정확한 발음으로 기억하고 연습해야 한다. 인터넷이 있기 때문에 사전을 찾는 일은 옛날만큼 어렵지 않다. 인터넷 사전을 조회하면 발음기호뿐만 아니라 원어민의 목소리도 들어 볼 수 있다. 요즈음은 휴대폰 음성인식 기능도 아주 훌륭하다. 영어 단어를 음성으로 말하면 바로 입력해준다. 자신의 발음이 정확한지 확인도 해볼 수 있는 좋은 기능이다. 사전 검색은 즐거운 마음으로 하도록 하자.

　영어 단어의 소리를 기억할 때 항상 영어 발음기호를 기준으로 하고 한글로 발음을 표기하거나 기억하는 습관은 버려야 한다.

1) 한국어는 글자 단위로 한 번에 소리 난다

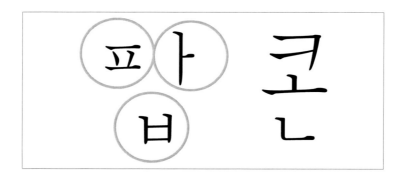

'팝콘'을 완전히 한국어식으로 읽어보자. '팝'의 경우 초성, 중성, 종성이 있는데 한 번에 읽히지 않는가? 한국어는 이렇게 초성, 중성, 종성이 모여서 한 글자로 표기되고 한꺼번에 발음된다. 자음의 소리 길이가 거의 없고 짧다. 모음의 입 모양을 미리 만든 상태에서 입술만 빠르게 움직여 초성 자음 'ㅍ'을 소리 내면서 'ㅏ'를 거의 동시에 소리 낸다. 또한 종성 받침까지 동시에 소리 내려 하기 때문에 모음의 길이도 아주 짧아진다. 천천히 말할 때도 글자의 사이사이를 조금 띄울 뿐, 한 글자를 읽는 속도는 거의 변함이 없을 것이다. 영어를 말할 때도 같은 현상이 생긴다. 모든 소리를 한국어의 초성, 중성, 종성 발음하듯이 빨리 소리 내려고 한다. 예를 들면 단어 milk[mɪlk]의 경우 [ɪ] 모음을 소리 낼 준비를 한 상태에서 입술을 떼며 [m]을 발음하고 바로 혀를 입천장에 붙이며 [l] 발음을 이어서 소리 낸다. 한국어식 '밀' 발음은 원어민이 절대 [mɪl]로 알아들을 수 없는 전혀 다른 소리이다. 자음과 모음을 따로 분리해서 발음해야 하는데 한국어 발음 습관이 몸에 배어 있어서 쉽지 않다. 특별한 연습 방법이 필요하다. 뒤에서 자세히 설명할 것이다.

2) 영어는 자음과 모음이 분리되어 발음돼야 한다

영어는 자음과 모음이 따로 분리되어 표기된다. 그래서 발음할 때도 자음과 모음이 분리되어 발음된다. 영국의 아기들을 대상으로 하는 영국의 한 방송을 본 적이 있는데 영어 단어 milk를 '음, 이, 얼, ㅋ' 이렇게 완전히 분리해서 2, 3번을 반복하고 난 후 '음~ 이~얼~ㅋ'로 이어서 발음하도록 지도하고 있었다. 자음과 모음이 따로 소리 나야 한다는 것을 명확하게 가르치고 있었다.

POPCORN
[pɑːp kɔːrn]

자! 이제 영어 느낌을 살려서 'popcorn'을 발음해 보자. 턱을 작게 벌리고 p를 먼저 발음한 후 턱을 크게 벌리며 [ɑː]를 소리 낸다. 다시 입술을 마주 다물며 [p]를 소리 내는데 터트리지 않고 호흡만 멈춰 소리를 대신한다. [kɔːr]도 입을 다문 상태에서 [k]를 소리 내고 입을 벌려 [ɔː]를 발음하고 다시 입을 다물며 [rn]을 발음해야 한다. **중요한 것은 자음을 발음할 때 모음 입 모양을 미리 준비하지 않는 것이다.** 미리 입을 벌려둔 상태에서 자음을 소리 내려 하면 발음이 어렵거나 어눌해지는 경우가 많다. 입 모양이 [p]에서 [ɑː]로 [k]에서 [ɔː]로 변화하는 중간 과정이 중요하다. 마치 '프앞'이나 'ㅋ오'같이 따로 소리 나야 한다. 이 중간 과정을 없애면 영어다운 리듬이 사라지고 한국어식 발음에 가까워진다. 자음 [p, k]는 무성음이고 뒤에 오는 모음 [ɑː, ɔː]는 유성음이기 때문에 더 명확하게 구분되어 소리 나야 한다.

시중의 교재나 강좌를 보면 "우리말 '아'와 '오'의 중간인데 입을 좀 더 크게 벌리고 확실하게, 우리말 '어'와 같은데 입을 좀 더 모으고 짧게 발음해 봐" 이런 식으로 가르친다. 발음을 듣고 기억하고 소리내기가 매우 어렵다.

영어 모음은 한국어 모음과 발성 체계가 완전히 다르다. 그런데 영어 모음 발음을 정확하게 하기 위한 어떤 기준도 없었다. 이렇게만 말한다. 'Listen and Repeat' 그냥 따라 하라고. 영어 발음을 문장별, 단어별로 외우다시피 하고 있다. 많은 시간을 허비하게 된다. 발성체계를 제대로 이해하지 못하면 영어 발음 특히 모음 발음은 따라 하기 쉽지 않다. 발음의 기준을 제대로 익혀두지 않으면 문장 발음을 통째로 외웠더라도 기억이 희미해지면 다시 한국어식 영어 발음으로 변하게 된다. 모음이 정확하지 않으니 발음할 때마다 자신이 없어진다. '아'로 소리 내야 할지 '어'로 소리 내야 할지 '오'로 소리 내야 할지 매우 혼란스럽다.

영어 발음이 어려운 이유 3 - 자음 차이

1) 영어 자음의 조음 방법을 잘못 이해하고 있다

한국어 자음과 완전히 똑같은 영어 자음은 하나도 없다. 소리 나는 위치와 방법이 한국어와 조금씩 다르기 때문이다. 자음만 비교할 때는 큰 차이가 느껴지지 않지만 모음과 연결되어 소리 날 땐 느낌이 크게 달라진다. 영어 자음을 한국어 방식으로 발음하면 알아들을 수 없는 경우가 많다.

정확한 기준도 없이 너무 과도하게 입을 움직이고 혀를 안으로 말아 넣어야 한다고 가르치는 바람에 제대로 발음하려 할수록 발음이 이상해지는 경우가 많았다. 정상적인 영어 발음을 포기한 사람들이 많은 이유이다. 원칙은 따르되 입이나 혀를 과도하게 움직이지 않아야 발음하기도 쉽고 어색해지지 않는다.

영어 자음 중에는 유성음, 무성음이 짝을 이루는 소리가 많다. 이들을 짝으로 묶으면 영어 자음은 14개로 줄어든다. 또 소리 나는 부위별로 6개의 그룹으로 묶을 수 있다. 그룹으로 분류해서 정리하면 영어 발음에 대한 개념 이해가 훨씬 쉽고 기억하기도 쉽다.

2) 영어 발음 법칙들이 발음 공부를 어렵게 만들었다

우리는 지금까지 발음을 너무 어렵게 배워왔다. t 뒤에 r이 오면 '츄r'로 소리 난다고 하고 s 뒤에 t가 오면 '뜨'로 소리가 변하는 법칙이 있다고 가르친다. 앞뒤에 어떤 소리가 오느냐에 따라 소리가 달라진다고 가르친다. 그냥 정확한 영어 발음 규칙대로 그대로 발음하면 그렇게 소리 날 수밖에 없는 건데 따로 발음 법칙으로 만들어서 외우도록 가르치고 있다. 연음 법칙도 따로 외우고 있다. 어려운 발음을 쉽게 발음하려고 소리를 바꾸는 예외적인 몇 가지 경우를 제외하면 우리가 배웠던 이상한 발음 법칙, 연음 법칙들은 대부분 필요 없다.

사전별 발음기호 차이 비교

아래 표에서 보는 것과 같이 사전에 따라 발음기호 표기 방법의 차이가 있다. 특히 모음 발음기호가 문제다. 표기하는 문자를 달리해서 차이 나는 경우도 있고 미국, 영국의 발음 차이 때문에 다르게 표현된 경우도 있다. 네이버는 영미를 따로 표기하고 있다.

단어	네이버 사전	다음 사전	wordreference
seat	siːt	siːt	siːt
sit	sɪt	sit	sɪt
pool	puːl	puːl	puːl
pull	pʊl	pul	pʊl
bed	bed	bed	bɛd
bad	bæd	bæd	bæd
date	deɪt	deit	deɪt
code	koʊd/영kəʊd	koud	kəʊd
hot	hɑːt	hat	hɒt
orange	ɔːrɪndʒ,ɑ-rˈ-	ɔ́ːrindʒ,ˈɑ́r-	ˈɒrɪndʒ
hide	haɪd	haid	haɪd
cow	kaʊ	kau	kaʊ
father	fɑːðə(r)	fɑ́ːðər	fɑːðə
bottom	bɑːtəm/영bɒ_	bɑ́təm	ˈbɒtəm
cut	kʌt	kʌt	kʌt
girl	gɜːrl/영gɜːl	gəːrl	gɜːrl
there	ðer/영ðeə(r)	ðər,ðɛ́ər	ðɛər
bear	ber/영beə	bɛər	bɛər
year	jɪr/영jɪə	jiər	yɪər
wood	wʊd	wud	wʊd

사전별 발음기호 차이 비교표 사전의 개정으로 발음기호는 수정될 수 있다. wordreference는 최초 조사 때와 1년이 지난 시점의 발음기호 표기가 많이 달라져 있었다.

hot 단어의 경우 [ɑː]는 '오'에 조금 가깝게 입을 조금 모아서 소리 내는 '아'이다. [ɒ]는 입을 많이 모아서 완전히 '오'에 가까운 영국 쪽에서 나오는 발음이다. 표에서 우리말 '에'에 해당하는 영어 발음은 date, bed, bear, there에 들어 있는데 사전마다 차이가 있다. wordreference.com은 [e]는 date[deɪt]와 같은 [eɪ] 발음에서만 사용하고 있고 단독으로 소리 나는 '에' 발음은 모두 [ɛ]로 구분하여 bed[bɛd], bear[bɛə] there[ðɛər]와 같이 표시하고 있다.[1] 반면 네이버에서는 date[deɪt], bed[bed], bear[ber] there[ðer]와 같이 모두 동일한 발음기호 [e]로 표기하고 있다. 즉, 네이버 사전에서는 [ɛ]를 [e]와 구분할 필요 없는 같은 소리로 취급하고 있다. 뒤에서 자세히 설명하겠지만 [æ]와 [ɛ] 소리가 구분하기 어렵기 때문에 하나의 소리로 묶어 버린 것으로 보인다.

발음기호 표현이 사전마다 다르다고 혼란스러워할 필요는 없다. 이런 차이가 있구나 하는 정도로 이해하고 참고만 하기 바란다. 이 책에서는 네이버 사전을 기준으로 설명하도록 하겠다. date, bed, bear, there의 '에' 발음은 모두 'e'로 표기하고 설명한다. 발음도 원어민에 따라 서로 다르게 발음하고 다르게 설명하는 원어민도 많다. hot는 네이버 사전에서 [hɑːt]로 표기하고 있지만 원어민 중에는 짧은 소리 단음 [hɑt]로 표기하고 설명하는 사람도 있다.

---

1 wordreference.com도 영국과 미국의 발음기호를 따로 구분해서 선택하는 기능이 있지만, 대부분 영국 기준 발음기호에 가깝게 표기되어 있다.

IPA, 이런 게 있었단 말이야?

IPA(International Phonetic Association)에서 만든 IPA(International Phonetic Alphabet) 국제표음문자(또는 국제음성문자)이다. IPA는 통일된 음성 표시 문자의 필요성을 크게 느낀 영국, 프랑스, 스페인 등 여러 나라에서 외국어를 가르치던 분들이 1886년 프랑스 파리에 모여서 만든 단체이다. 그 단체에서 만든 발음기호용 문자 체계가 International Phonetic Alphabet이고 줄여서 IPA이다.

IPA 이전에는 각국마다 음성문자 표기 방식이 달랐다. 그래서 외국어를 배우고 가르치는 데에 어려움이 많았고 각 언어의 발음들을 책자로 정리하는 데도 많은 어려움이 있었다. IPA가 만들어져 공포되면서 각 국가, 출판사의 발음표기가 어느 정도 통일될 수 있었다.

물론 영어 발음의 경우 영국, 미국 등 영어를 사용하는 나라마다 조금씩 다르고 동일한 단어를 서로 다른 소리로 발음하는 경우도 있기 때문에 완벽하게 통일되었다고 말할 수는 없지만, IPA 이후에 많은 사전, 문서들에서 일치된 소리 표기 체계를 가질 수 있게 되었다. IPA의 최신 버전은 2018년에 발표되었다.

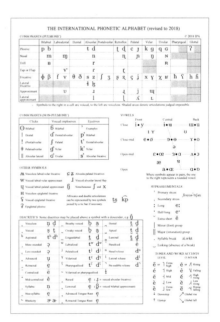

IPA 문자표

IPA는 1886년에 만들어졌다. 그와 함께 발음기호를 체계적으로 정리할 수 있었고 각국의 사전 발음기호가 통일될 수 있었다. 지금도 신청 및 심사를 통해 새로운 문자들을 추가하고 있다.

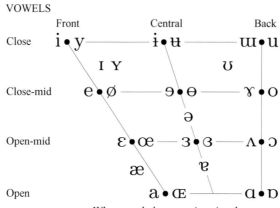

IPA 모음 도표 오른쪽으로 갈수록 혀는 뒤쪽으로 그리고 입술을 둥글게 하고 세로축 아래로 내려갈수록 입을 많이 벌려서 소리 낸다고 설명하고 있다. 영어에서 쓰지 않는 기호가 많아서 복잡하다.

    IPA 모음 도표는 영어 모음을 체계적으로 이해하고 익히는 데 훌륭한 도구이다. 그렇지만 아쉽게도 영어에서는 쓰지 않는 기호들도 많고 복잡하다. 이 도표에서 영어에서만 쓰이는 소리만 남기고 설명 기준을 조금 바꿔서 새롭게 정리한 것이 바로 Jacky 모음 차트이다. 'Part 2. 모음(Vowel Sounds)'에서 자세히 설명한다.

발음기호부터 다시 시작해야 한다

영어 발음 중에 한국어로 표기가 안 되는 소리들이 많은데 지금까지 한글 소리를 기준으로 영어 발음을 설명하고 공부해왔다. 지금도 대부분의 영어 발음책자는 소리를 한글로 바꿔서 표기하고 있다. 한글 자음에 별도의 기호를 덧붙여서 발음기호를 대신할 새로운 문자를 만들어 표기하는 경우도 있다.

한글 표기 방식은 과감하게 버려야 한다. 영어 발음 공부는 지금이라도 IPA에서 제시한 발음기호 기준으로 바뀌어야 한다. 영어 발음 공부의 출발점을 발음기호를 외우는 것부터 시작해야 한다.

영어 발음 목표

1. 적어도 발음기호는 외우자.

   한자 공부를 할 때 한글로 독음을 달아주지 않으면 공부가 아주 어려워진다. 영어도 마찬가지이다. 발음기호 없이는 정확한 소리를 말할 수 없고 정확하게 들을 수 없다.

2. 영어 자음은 모음으로부터 분리되어 소리 나야 한다.

   자음의 소리 시간을 유지해주면 영어 고유의 리듬이 살아나고 발음도 쉬워진다.

3. 모음을 정확하게 발음하도록 하자.

   Part 2에서 도표 하나로 정리한 Jacky 모음 차트로 공부할 것이다.

4. 자음 중 한국어 발음 그대로 소리 내면 절대 알아들을 수 없는 소리들이 있다.

   정확한 입 모양을 지키며 발음해야 한다.

5. 최소한 한국어를 말하는지 영어를 말하는지 혼동되지 않을 정도의 영어 발음은 갖추자.

Part 2

모음

(Vowel Sounds)

영어 발음 설명을 잘 이해하려면 구강 구조와 용어들을 미리 알아둘 필요가 있다. 그림은 모음 [ɔː]를 발성할 때의 구강 단면 그림이다.

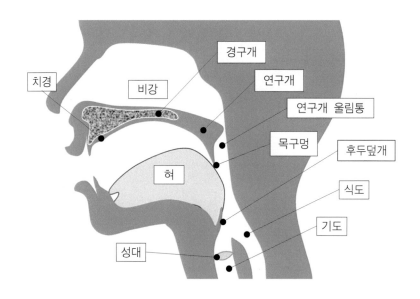

- **연구개**(soft palate): 입천장을 혀로 눌러보면 앞쪽은 뼈가 있어서 딱딱하고(**경구개**: hard palate) 뒤쪽은 말랑말랑한데 이 뒤쪽의 말랑한 부분을 연구개(軟口蓋, '부드러운 입의 덮개'라는 의미)라 한다. 비강과 입을 구분하는 역할을 한다. 우리가 말을 할 때 연구개 뒤쪽이 울림통 역할을 한다. 모음을 발음할 때 연구개의 역할이 매우 중요하다. m, n, ŋ 등의 소리를 낼 때는 연구개 틈을 통해 소리가 비강으로 전달된다.

- **목구멍**: 연구개 끝에 달려있는 목젖을 정점으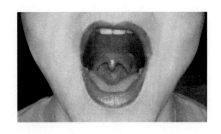
로 혀 뒷부분과 이루는 구멍을 말하며 기도
와 구강을 구분하는 경계이다. 목젖 양옆에
는 둥근 원호 모양의 힘줄이 연결되어 있다.
이 힘줄을 당기면 목구멍이 좁아지는데 목구
멍 크기에 따라 음색이 달라진다. 성대에서 울린 소리가 입안 공간으로 퍼져 나오는
1차 관문이다.

- **나팔점**: 구강 단면 그림에서와 같이 입천장과 혓바닥이 만나는 곳이 있다. 입안 좁
은 곳에서 넓은 곳으로 목소리가 퍼져나가는 시작점이다. 이곳이 나팔과 같은 기능
을 하므로 나팔점이라고 명명하자. 이 나팔점의 위치에 따라 모음의 소리가 달라진
다. 그림에서 나팔점은 연구개 끝부분 목젖 바로 위에 위치한다. 앞으로 설명할 때
아주 중요한 개념이고 자주 등장할 것이므로 기억을 해두자.

- **후두덮개**: 성대를 보호하는 덮개 역할을 하는 연골조직이다. 평소 호흡을 할 때는
그림과 같이 위로 세워진 상태로 있다가 음식을 삼킬 때 아래로 접히면서 밀려 내려
와 기도 입구를 감싸듯이 덮어 음식이 폐로 들어가는 것을 막아준다. 성대 구조와
맞물리도록 오리 주둥이 같은 모양을 하고 있다.

- **비강**(Nasal Cavity[neɪsl kævɪtɪ]): 콧구멍 안쪽 공간으로 세로로 길게 위치해 있다. 이
곳을 통해서도 목소리가 전달되며 발성에 큰 역할을 한다.

- **성대**(Vocal Cord): 기도 입구에 있고 인대와 유사한 2개의 조직이 맞닿아 있는 기관
이다. 성대 뒤쪽(목 뒤쪽)의 근육에 의해 팽팽하게 당겨지면 좁은 틈이 만들어지고
공기의 흐름에 따라 빠르게 진동한다. 이 진동에 의해 소리가 만들어지며 목과 비
강을 통해 밖으로 퍼져나간다. 힘을 주어 성대가 팽팽하게 당겨지면 빠르게 진동하
면서 높은음이 되고 느슨해지면 낮은음이 된다. 여성은 성대 길이가 짧고 얇아서 고

음을 내기 쉽고 남성은 길고 굵어서 낮은음을 낸다.

- **치경**: 치아를 지지하는 잇몸 뼈의 톡 튀어나온 부분. 한자어의 뜻은 치아와 잇몸의 경계선이지만 여기선 치아 뿌리의 끝이라고 생각하자.

- **입폭**: 벌려진 입의 폭이다. 영어 모음에서는 입폭이 완전히 좁아지기도([uː] 소리) 하고 아주 넓어지기도([iː] 소리) 한다. '입 폭'으로 띄어 쓰는 게 맞으나 이 책에서는 편의상 '입폭'으로 붙여 쓰도록 하겠다.

- **입꼬리**: 입술의 가장자리 끝을 말한다. 입꼬리를 좌우로 당겨 입폭을 넓히기도 하고 입꼬리를 모아서 입폭을 좁히기도 한다.

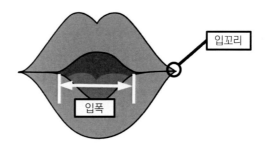

영어 모음은 입폭에 따라
3그룹으로 구분된다

이 책에서는 영어 모음을 입술을 모아서 입폭을 좁게 하느냐(Rounded) 넓게 하느냐(Unrounded) 중간 정도(Mid)로 하느냐에 따라 세 그룹으로 나눠 설명하려 한다. 입술을 모아 입폭을 좁히면 입안에 울림 공간이 만들어지고, 입폭을 넓히면 울림 공간이 없어져서 소리 차이가 만들어진다.

| Rounded | Mid | Unrounded |

왼쪽부터 uː, ə, iː의 입 모양이고 각각 우리말 '우', '어', '이'와 비슷한 소리이다. 입술 모양에 따라 소리 울림이 달라진다.

TIP!!

IPA에서는 영어 모음을 혀의 위치에 따라 Front, Central, Back 세 개의 그룹으로 분류하고 있다. 혀의 가장 높은 지점이 앞쪽에 있으면 Front Vowel이고 혀가 뒤로 물러나면 Back Vowel이라는 것이다. 혀의 앞뒤 위치에 따라 소리의 울림이 달라진다는 의미로 그룹을 구분한 것이다. 그러나 혀를 앞뒤로 움직이는 것은 설명도 어렵고 개념을 정확하게 이해하기도 어렵다. 혀 앞뒤 위치보다 입폭에 따른 소리 변화가 더 크기 때문에 입술 모양으로 소리 그룹을 나누는 것이 더 이해하기 쉽다. IPA의 Back이 Rounded이고 Front가 Unrounded와 같은 개념이다. Unrounded(Front)는 혀를 앞으로 밀어 세우고, Rounded(Back) Vowel은 혀를 뒤로 조금 눕힌다고 생각하면 된다.

일부에선 밝은 느낌, 어두운 느낌의 소리라는 의미로 bright Vowel, dark Vowel로 분류하기도 한다.

　　IPA 영어 모음은 입을 세로로 벌리는 정도를 4단계로 구분하여 소리를 달리 정의하고 있다(close, close-mid, open-mid, open). 그러나 IPA에서 혀의 위치나 모양은 자세히 정의하지 않고 있다. 그래서 혀의 움직임에 대한 기준을 정립할 필요가 있다. Unrounded 그룹을 기준으로 살펴보자. 혀끝을 앞니에 붙이고 턱과 함께 벌리면 혀가 입천장에 닿는 위치가 안쪽으로 이동하고 각도가 커지면서 소리가 달라진다.

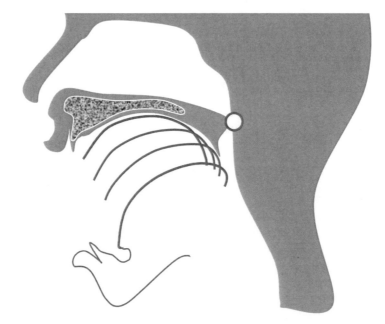

턱을 벌릴 때 혀의 움직임
혀가 입천장에 밀착되도록 다문 상태에서 턱을 조금만 벌리고 소리 내면 [i]('이' 맨 위 혀 모양)이다. 턱을 끝까지 완전히 벌려서 상대방에게 목구멍이 둥글게 보일 정도가 되면 소리가 [a]('아' 맨 아래 혀 모양)로 바뀐다. 입을 크게 벌리며 소리 내 보자. 단계별로 '이, 에, 애, 아'로 바뀌게 될 것이다.

그림에서와 같이 턱을 내리며 입을 벌리면 입천장과 혀의 접촉점 위치가 바뀌고 각도가 바뀐다. 혀와 만나는 입천장이 딱딱한 경구개인지, 부드럽고 얇은 연구개인지에 따라 소리울림이 달라진다. 또 혀가 연구개를 누르는 정도와 목구멍이 열리는 징도에 따라 소리 울림이 달라진다. **영어 모음의 소리 내는 방식이 바로 이것이다.**

IPA에서의 영어 모음은 턱을 많이 벌리며 발음하는 것으로 정의되어 있지만 실제로는 원어민들이 말할 때 입을 많이 벌리지 않는다. 턱을 많이 벌릴 때와 비슷하게 혀 뒷부분만 움직여서 소리를 변화시킬 수 있기 때문이다. 혀 뒷부분의 움직임은 뒤에서 자세히 설명할 것이다.

영어 모음이 한눈에 보이는 Jacky 모음 차트

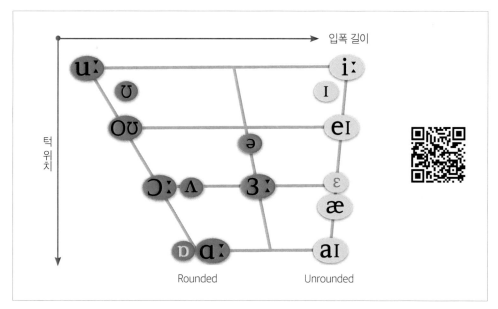

IPA 모음 도표를 재해석하여 만든 Jacky 모음 차트 가로축은 입폭, 세로축은 턱의 위치를 나타낸다. 왼쪽 위 둥근점이 화살표의 출발점으로 0인 기준점이고 입을 완전히 다물었을 때의 위치이다. ' : ' 표시는 길게 발음하라는 의미이다. 장음은 큰 버튼, 짧게 소리 나는 단음은 작은 버튼으로 표시했다.

    이 Jacky 모음 차트만 알면 모음 공부는 끝이라고 할 수 있다. 다시 한 번 정리해서 설명한다. Jacky 모음 차트의 가로축은 입폭을 나타내고 오른쪽으로 갈수록 입을 가로로 넓게 벌린다는 의미이다. 그리고 세로축은 턱의 위치를 나타내고 아래로 갈수록 턱이 세로로 벌어진다는 의미이다. 왼쪽 세로줄에 uː, oʊ, ɔː, ɑː가 있다. 이해를 돕기 위해 굳이 우리말로 표현하자면 우~, 오우, 오~, 아~[2]이다. 오른쪽에는 iː, eɪ, æ, aɪ가 있고 우리말 소리로 이~, 에이, 애~, 아이이다. 그리고 가운데 세로줄에 ə, ɜː가 있는데 턱 위치만

---

2   여기서 ɑː 와 aɪ의 '아'는 다른 소리이다. ɑː 는 입을 조금 모은 '오'에 가까운 '아'이다.

다르고 둘 다 우리말 '어'와 비슷한 소리이다.

1) 입폭에 따른 모음 변화

영어 모음은 **입을 가로로 넓게 벌렸는지, 중간 정도 벌렸는지, 좁게 오므렸는지에 따라 세 그룹으로 구분**된다.

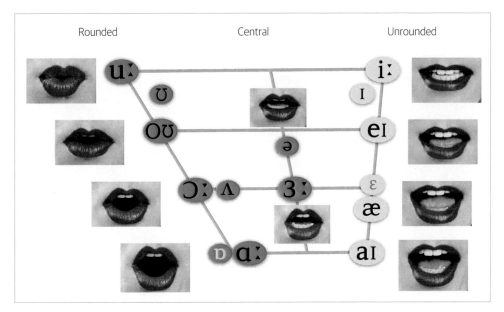

주요 모음의 입 모양을 표시한 Jacky 모음 차트

왼쪽 줄은 입술을 모아서 둥글게 만든 소리이다. 소리가 입안에서 울리도록 입폭을 모으고 혀도 둥글게 모아서 발음한다. 턱을 4단계로 벌리면서 u, oʊ, ɔ, ɑ가 된다. ʊ, ʌ 는 각각 u, ɔ의 힘을 뺀 소리라고 보면 된다.

오른쪽 줄은 입술을 가로로 넓게 벌리고 발음한다. 입폭을 벌릴 때 양 볼과 어금니 바깥쪽 사이에도 공간이 만들어질 정도로 벌리도록 한다. 턱을 4단계로 벌리면서 i, e, æ, a가 된다. ɪ는 i의 힘을 뺀 소리라고 보면 된다.

가운데 줄은 입폭을 중간 정도로 발음하는 소리이다. IPA 발음기호 ə, ɜ:가 여기에 해당한다.

ɛ, ɒ는 미국 영어에서 사용하지 않는 소리이다. 각 소리의 혀 모양을 비롯한 자세한 내용은 뒤에서 설명한다.

2) 턱을 벌린 정도가 같으면 서로 짝을 이룬다

Jacky 모음 차트상의 Rounded와 Unrounded Vowel들은 같은 가로줄인 경우 서로 짝을 이룬다. 턱의 위치는 고정한 채로 입폭만 모아주면 i가 u로, ɪ가 ʊ로, eɪ가 oʊ로, ɛ가 ɔ로, a가 ɑ로 바뀐다. Unrounded Vowel은 혀끝을 앞으로 세워 발음하고 Rounded Vowel은 혀 앞부분을 조금만 뒤로 눕혀주고 울림 공간을 만들면 된다. Jacky 모음 차트의 4개의 가로선은 턱 위치 4단계를 의미한다. 턱 위치를 4단계(1, 2, 3, 4레벨)로 구분해서 설명할 것이다.

3) 턱 위치에 따른 모음 변화

영어 모음은 세로로 턱을 얼마나 벌렸느냐에 따라 세분화된다. 세로로 턱을 벌리면서 혀가 같이 따라 움직이도록 하면 혀와 입천장이 만나는 위치가 입 안쪽으로 이동한다. 경구개, 연구개, 목젖, 목구멍 순이다. 경구개는 단단한 뼈로 이루어져 있어서 비강으로 소리 전달이 되지 않고 연구개는 얇고 부드러운 막으로 되어 있어서 비강 쪽과 연구개 뒤쪽으로 소리가 잘 전달된다. 이런 입천장의 부위별 울림 차이와 혀의 각도 변화에 따라 i, e, æ, a나 u, o, ɔ, ɑ로 소리가 만들어진다. Rounded 모음을 기준으로 살펴봤을 때 혀 중간을 경구개에 눌러 붙이면 u가 된다, 혀가 경구개에서 완전히 떨어지고 연구개 앞쪽에 닿으면 o, 혀 뒷부분이 연구개 끝에 닿으면 ɔ가 된다. 혀 뒷부분을 완전히 내려 연구개와 멀어지면 ɑ가 된다.

Unrounded 모음은 혀 중간을 경구개에 눌러 붙이면 i가 된다. 혀가 경구개에서 완전히 떨어지고 연구개 앞쪽에 닿으면 e, 혀 뒷부분이 연구개 끝에 걸치면 æ가 된다. 혀 뒷부분을 완전히 내려 연구개와 멀어지면 a가 된다. 혀 뒷부분을 움직여 여러 가지 모음을 만들어 보자.

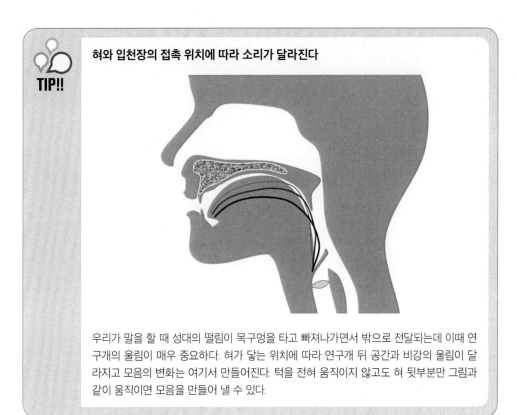

혀와 입천장의 접촉 위치에 따라 소리가 달라진다

TIP!!

우리가 말을 할 때 성대의 떨림이 목구멍을 타고 빠져나가면서 밖으로 전달되는데 이때 연구개의 울림이 매우 중요하다. 혀가 닿는 위치에 따라 연구개 뒤 공간과 비강의 울림이 달라지고 모음의 변화는 여기서 만들어진다. 턱을 전혀 움직이지 않고도 혀 뒷부분만 그림과 같이 움직이면 모음을 만들어 낼 수 있다.

4) Jacky 모음 차트 들여다보기

IPA 모음 도표를 기초로 Jacky 모음 차트를 만들었다. 45페이지의 그림 도표를 보면서 하나하나 살펴보자.

- [ʊ], [ɪ], [ʌ]는 힘을 빼고 짧게 발음하는 소리이다.

왼쪽 줄 맨 위에 있는 [uː]에서 혀와 입술의 힘을 뺀 소리가 [ʊ]이고, 오른쪽 [iː]에서 혀와 입술의 힘을 뺀 소리가 [ɪ]라고 기억하면 쉽다. [i]는 보통 장음 [iː]로 발음되지만 단음인 경우도 있다. [ɔː]의 오른쪽에 있는 [ʌ]는 [ɔ]에서 힘을 뺀 소리이다. 모았던 입술을 가로로 조금만 더 벌리고 짧게 소리 내면 된다.

- 미국 영어에선 [e]와 [ɛ]를 구분하지 않고 [e]로 통일해서 사용한다.

영국 영어에서 [e]는 항상 [eɪ]로만 소리 난다. 우리말 '에' 단음에 해당하는 소리는 [ɛ]로 구분하여 사용하고 있다. 미국 영어(네이버 사전)에서는 [ɛ]를 모두 [e]로 표기하고 있고 [ɛ]는 사용하지 않는다.

- [o]는 항상 [oʊ]로 사용된다.

영어에서 [o]는 [o] 단독으로 사용되는 경우는 없다. 항상 [oʊ] 형태로 사용된다. [eɪ]는 왼쪽 줄에 [oʊ]가 사용됐기 때문에 균형을 위해 [e] 자리에 [eɪ]만 표기한 것일 뿐 [eɪ], [e] 둘 다 같은 위치에서 소리 난다.

- [ɜː]는 강세가 있고 항상 [r]이 뒤따라온다.

[ə]는 힘을 빼고 짧게 소리 내고 [ɜː]는 입을 세로로 좀 더 벌리고 길게 발음한다. 사전을 찾아보면 [ɜː] 발음을 가진 모든 단어에서 [ɜː] 발음에 강세를 두고 있고 뒤에는 항상 [r]이 붙어 있다.

- 미국 영어에서는 [ɒ] 대신 [ɑ]가 사용된다.

hot 단어의 경우 영국 영어에서는 [hɒt]로 입폭을 아주 좁게 발음하고 미국 영어에서는 [hɑt]로 표시하며 입폭을 조금 넓게 만들고 발음한다. 일부 원어민들은 [ɑ] 발음을 [a]와 구분이 안 될 정도로 입폭을 넓게 벌려서 발음하기도 한다.

- [a]는 항상 [aɪ]나 [aʊ]로 사용된다.

영어에서 [a]는 [aɪ]나 [aʊ] 두 가지 조합으로만 사용된다.[3] [a]는 [a] 단독으로 사용되는 경우도 없고, 다른 소리와 이중모음을 이루는 경우도 없다. 표에서는 [aʊ]는 생략하고 [aɪ]만 표기했다. 후설모음의 [ɑː]는 단독으로 사용되는데 [ɑː]와 [a] 모두 우리말 '아'로 표기되지만 다른 소리이므로 구분해서 발음해야 한다.

---

3 Rounded Vowel의 [ɑ]와 [ɪ, ʊ]가 결합되는(ɑɪ나 ɑʊ와 같은) 발음은 존재하지 않는다.

- [æ]를 [ɛ]의 위치에 두고 기억해도 된다.

[æ]는 [ɛ] 바로 아래에 표기되어 있는데 IPA에서 [ɜ] 위치 아래에 두고 있어서이다. [ɜ] 는 미국 영어에서 사용하지 않는 소리이기 때문에 [æ]를 [ɛ]의 위치(3레벨)에 두고 이 해하면 기억하기 쉬워진다.

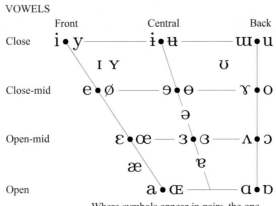

IPA 모음 도표 혀의 정점 위치가 front인가 back인가에 따라 그룹이 정의되어 있다.

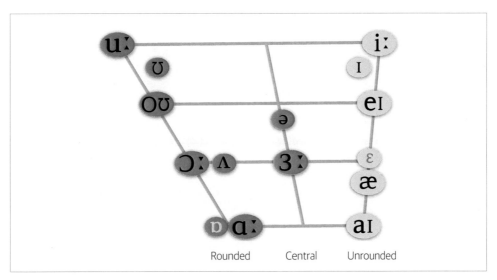

Jacky 모음 차트 입폭의 너비에 따라 세로로 그룹을 정의하고 있다. IPA 도표의 front, back이 각각 반대 위치(front: 오른쪽 줄, back: 왼쪽 줄)로 이동했다.

5) 영어 모음 발성 기준

영어 모음의 원리를 설명하기 위해 [i]와 [u]를 간단하게 비교해서 설명한다. [i]를 먼저 소리 내보자. 혀끝은 아래 앞니 뿌리에 붙이고 혀 양쪽 가장자리를 경구개(어금니 옆)에 힘주어 붙여 혀 가운데에 좁은 통로를 만들고 이 통로를 통해 공기를 내보내며 소리 낸다. 단단한 경구개에 나팔점이 위치하기 때문에 비강울림은 최소화된다. 입폭을 좌우로 넓게 벌려서 울림이 없도록 소리 내면 [i]가 되고, 입술을 모아 울림 공간을 만들어 소리 내면 [u]가 된다. 턱의 위치는 같고 입폭만 다르다.

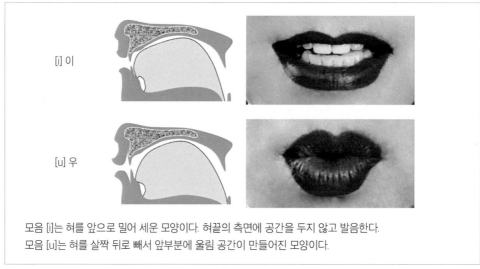

[i] 이

[u] 우

모음 [i]는 혀를 앞으로 밀어 세운 모양이다. 혀끝의 측면에 공간을 두지 않고 발음한다.
모음 [u]는 혀를 살짝 뒤로 빼서 앞부분에 울림 공간이 만들어진 모양이다.

※ [u]를 발음할 때는 혀끝을 둥글게 만들어 혀 양 옆에도 공간을 만들고 발음하면 울림이 좋아진다. 경구개 끝(나팔점)에서 모인 소리가 혀를 휘감아 돌아 울리며 지나가도록 하는 것이다.

여기서 중요한 것은 [i]와 [u]가 발음의 시작점이라는 점이다. [i]와 [u]의 입폭과 혀의 둥근 모양(위로 볼록한)을 그대로 유지한 채 턱을 아래로 내리면서 혀를 내려주면 [i]는 ɪ e æ a로 [u]는 ʊ o ɔ ɑ로 소리가 변한다는 것을 기억해두자.

6) 턱 위치 레벨에 따른 입 모양

Jacky 모음 차트의 가로선을 4레벨로 설명하려 한다. 맨 윗줄에 있는 [i]의 1레벨에서부터 턱을 단계별로 내릴 때 혀 뒷부분도 같이 따라 내려가게 되고 입천장과 혀가 만나는 위치가 달라지면서 소리가 변화한다.

레벨	나팔점 위치	턱 간격	레벨 설명
1	경구개 끝	4mm	경구개에 혀를 눌러 붙여 가운데에 좁은 통로를 만든다. 소리를 입 앞쪽으로 끌고 가서 발성.
2	연구개 앞쪽	8mm	연구개가 시작되는 부분(앞쪽)에 혀를 붙여 가운데에 통로를 만들어 발성. 혀가 경구개에 닿지 않도록 발성.
3	연구개 끝	12mm	연구개 끝에 혀를 붙여 가운데에 통로를 만들어 발성. 연구개 뒤쪽 울림이 커짐.
4	목구멍 안쪽	16mm	혀 뒷부분을 많이 내려서 목구멍 앞이 나팔모양이 되도록 열고 맑게 울리도록 발성.

※ '턱 간격'은 아랫니와 윗니의 벌어진 간격이고 필자가 발음할 때의 측정치이다. 참고용으로 적었다.

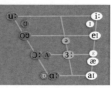
Rounded Vowel은 입을 동그랗게 오므려서 목구멍을 통해 나온 소리가 입안에서 한 번 더 울린 후 밖으로 퍼져나가도록 소리 내야 한다.

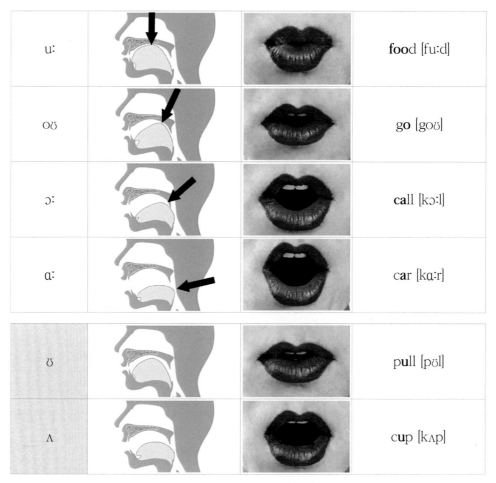

uː			food [fuːd]
oʊ			go [goʊ]
ɔː			call [kɔːl]
ɑː			car [kɑːr]
ʊ			pull [pʊl]
ʌ			cup [kʌp]

※ ʊ, ʌ는 짧게 소리 나는 단음이다. [ʊ]는 [uː]에서, [ʌ]는 [ɔː]에서 힘을 뺀 소리이다.

왼쪽 줄 [uː]에서 세로로 턱을 단계별로 내리면 입이 벌어지고 입술이 당겨지면서 입폭이 조금씩 늘어나게 된다.[4] 턱을 벌릴 때 혀 뒷부분을 뒤쪽으로 당겨서 근접점[5]이 입천장을 따라 내려가도록 한다. 이때 입천장과 혀 뒷부분이 만나는 위치가 달라지면서 소리가 uː ʊ ɔː ɑː로 변화한다. 혀 중간을 경구개에 눌러서 대면 [u]가 된다, 혀가 경구개에서 멀어져 연구개에 닿으면 [o], 혀 뒷부분이 연구개 끝에 닿으면 [ɔ]가 된다. 혀 뒷부분을 완전히 내려 연구개와 멀어지면 [ɑ]가 된다.

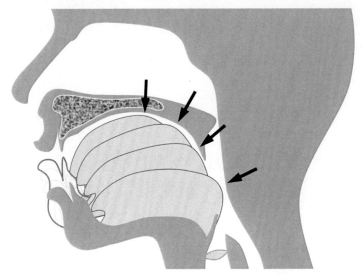

혀의 가운데 중심선을 따라 잘라낸 단면을 표시한 그림이다. 혀의 위치가 바뀔 때 혀와 입천장이 이루는 각도가 커지고 입안 공간도 점점 넓어지면서 소리 울림이 달라진다.

Rounded Vowel은 혀끝을 둥글게 만들어 혀 양옆의 공간에서 소리가 울리도록 발음한다. 그리고 Rounded Vowel을 소리 낼 때는 입꼬리를 모으기 때문에 입술을 조금 내미는 것이 자연스럽고 내밀어 발음하는 것이 b, p, m 등 다른 발음과 연결될 때 원어민 느낌을 살릴 수 있다.

---

4   그래서 Jacky 모음 차트의 왼쪽 줄이 반시계방향으로 많이 기울어진 상태로 표현되었다. 가로축이 입폭을 의미하고 오른쪽으로 갈수록 입폭이 넓어진다.

5   혀와 입천장이 가까이 닿는 지점을 말한다.

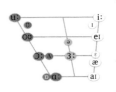

턱을 1레벨로 벌리고 입술을 모아서 입폭을 좁게 만든다. 혀 중간 부분을 경구개에 붙이고 혀 중심선을 따라 소리 통로를 만든다. 성대에서 울린 소리가 이 통로로 빠져나가며 밖으로 전달된다. 나팔점이 딱딱한 경구개에 위치하기 때문에 비강 울림이 가장 작은 소리이다.

턱 위치 1레벨, 입술을 모아서 입 앞쪽에 울림 공간을 만든다. 입폭을 쉽게 좁히기 위해서는 입술의 양쪽 가장자리를 붙인다.

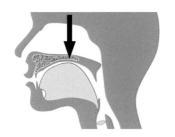

나팔점은 경구개 끝부분에 위치하게 된다. 경구개는 단단하기 때문에 비강이나 연구개 뒤쪽으로 소리가 울리지 않는다. 입술은 앞으로 조금 내밀어 준다.

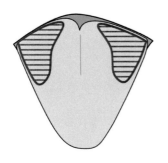

빗금 표시된 부분이 입천장(경구개 뒷부분)에 넓게 닿도록 눌러 붙인다.
혀끝을 뾰족하게 모으면 혀 양옆에 공간이 생기면서 소리 울림이 더 좋아진다.

[u:]는 보통 장음으로 소리 난다. 힘주어 길게 소리 내도록 한다. 소리 변화를 주고 발음하면 [ʊ] 발음과 확실하게 구분된다. [u:]가 Rounded Vowel의 시작점이다. [u:]의 볼록한 혀 모양을 유지한 채 혀를 내리면서 o, ɔ, ɑ를 소리 낸다.

Rounded [uː] 발음 연습

단어	발음기호	뜻
moon	[muːn]	달
cool	[kuːl]	시원한, 멋진
pool	[puːl]	수영장, 웅덩이
fool	[fuːl]	바보
food	[fuːd]	음식, 먹이
universe	[ˈjuːnɪvɜːrs]	우주, 은하계
suit	[suːt; sjuːt]	정장
cartoon	[kɑːrtuːn]	만화
choose	[ʧuːz]	선택하다, 고르다
soon	[suːn]	일찍, 곧
coolant	[cuːlənt]	냉각액
confuse	[kənˈfjuːz]	혼동하다
approve	[əˈpruːv]	승인하다, 허가하다
attitude	[ˈætɪtuːd]	태도
beauty	[ˈbjuːti]	아름다움, 미인
human	[ˈhjuːmən]	인간
jewel	[ˈʤuːəl]	보석
loose	[luːs]	풀린, 헐거운
mood	[muːd]	기분, 분위기

※ 발음기호 속의 ' 표시는 바로 뒤 음절의 모음에 강세가 있다는 표시이다.

※ 자음 뒤에 오는 [uː] 발음은 혀 중간 부분을 내려서 자음을 발음하고 혀 중간 부분을 올리며 모음 [uː]를 발음해 야 한다.

2) Rounded [ʊ] 발음

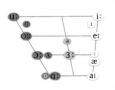

[u:]에서 힘을 뺀 소리이다. 턱을 1.5레벨로 하고 모았던 입술의 힘을 빼고 입폭을 [u]보다 넓게 만든다. 경구개에 눌러 붙였던 혀에 힘을 빼고 [u]보다 소리 통로를 넓게 만들고 발음한다.

턱 위치 1.5레벨, [u]보다 입술에 힘을 빼서 입폭을 넓히고 턱을 조금 내려준다.

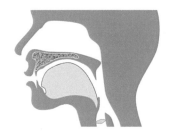

[u]에서 입천장에 눌러 붙였던 혀에서 힘을 빼고 소리 통로를 넓혀서 발음한다. **나팔점은 경구개 끝 부분이다([u]와 같음).** 단지 경구개와 혀 사이의 소리 통로가 [u]보다 넓어지도록 한다.

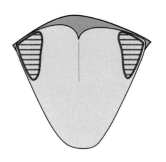

빗금 표시된 부분이 입천장(경구개 끝부분) 양옆 가장자리에만 닿도록 살짝 붙인다. 혀끝을 뾰족하게 모으면 혀끝 양옆에 공간이 생기면서 소리 울림이 더 좋아진다.

[u]에서는 좁게 오므렸던 입술에 힘을 빼면 입폭이 조금 넓어진다. 입천장(경구개)에 붙였던 혀에서 힘을 빼면 혀와 입천장 사이의 틈이 넓어진다(경구개 접촉은 어금니 근처만).

[ʊ]는 짧게 소리 나는 단모음이다. [u]와 확실하게 구분되도록 입술과 혀에서 힘을 빼고 소리 변화 없이 짧게 발음해야 한다.

Rounded [ʊ] 발음 연습

단어	발음기호	뜻
put	[pʊt]	놓다, 두다
could	[kʊd]	can의 과거
cook	[kʊk]	요리하다, 요리사
wood	[wʊd]	나무 목재
good	[gʊd]	좋은
book	[bʊk]	책
foot	[fʊt]	발
childhood	[ˈʧaɪldhʊd]	어린 시절
bullet	[ˈbʊlɪt]	총알
bush	[bʊʃ]	관목숲, 덩굴
full	[fʊl]	가득한
goods	[gʊdz]	상품
hook	[hʊk]	고리, 낚시바늘

※ 자주 사용되는 짧은 단모음 ʊ는 입폭을 많이 모으지 않고 발음하는 경우가 많다.

※ 단어 내에 알파벳 oo가 들어가면 보통 장음 u: 로 소리 난다. 하지만 예외적인 경우가 꽤 많다. 여기에 표시된 oo
  가 들어 있는 단어들은 단음으로 발음되는 예외적인 경우들이다.

3) Rounded [oʊ] 발음

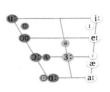

턱을 2레벨로 벌리고 입술을 모아서 [o]를 발음하고 [ʊ]를 이어서 발음한다. 입꼬리를 모아서 입 모양이 둥글게 되도록 한다.

[o]를 **턱 위치 2레벨**에서 소리 내고 1.5레벨로 이동해서 [ʊ]를 발음한다.

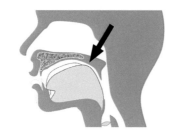

[o]는 **나팔점이 연구개 앞쪽에 위치한다.** [o]를 발음하고 [ʊ] 혀 위치로 이동하면 된다.

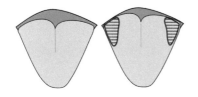

입천장 경구개와 떨어진 상태에서 [o]를 발음하고 입천장(경구개)에 혀 가장자리만 닿도록 살짝 붙이고 [ʊ]를 소리 낸다.

[oʊ]는 [o]와 [ʊ]가 합쳐져서 길게 발음되는 장음이다. 원어민들은 [ʊ]를 소리 낼 때 입 폭을 많이 줄이지 않고, 혀 가장자리만 어금니 잇몸에 닿도록 만들고 발음하기도 한다. [o]와 [ʊ]가 분명하게 들리지 않아서 [ɔ:]와 구분이 어렵다. 뒤에 '2-8. 비슷한 모음 구분해서 발음하기'에서 구분하는 요령을 자세히 설명할 것이다.

Rounded [oʊ] 발음 연습

단어	발음기호	뜻
owner	[ˈoʊnə(r)]	주인
boat	[boʊt]	배
nose	[noʊz]	코
approach	[əˈproʊʧ]	접근하다
backbone	[ˈbækboʊn]	등뼈, 척추
clone	[kloʊn]	복제생물, 복제하다
coach	[koʊʧ]	코치
elbow	[ˈelboʊ]	팔꿈치
focus	[foʊkəs]	초점, 집중하다
folk	[foʊk]	사람들, 민속의
photo	[ˈfoʊtoʊ]	사진
throat	[θroʊt]	목구멍
total	[ˈtoʊtl]	전체의, 완전한
zone	[zoʊn]	구역, 범위
close	[kloʊs]	닫다, 가까운
clothes	[kloʊðz;kloʊz]	옷, 의복
shadow	[ˈʃædoʊ]	그림자
ceremony	[ˈserəmoʊni]	의식, 의례

※ [o]와 이중모음을 이루는 소리는 [ʊ]밖에 없다. 다른 소리와 이중모음으로 되는 경우도 없다.

※ [oʊ] 소리가 알파벳 w에서 발음되는 경우 [ʊ]를 [w] 발음처럼 하는 경향이 있다. 즉, 입술을 많이 모으고 좀 더 울리도록 발음하는 경우가 많다.

4) Rounded [ɔː] 발음

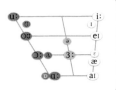

턱을 3레벨로 벌리고 입술을 모아서 입을 둥글게 만든다. 나팔점은 연구개 끝에 위치한다. 얇은 연구개막을 통해 연구개 뒤로 소리가 전달되었다가 다시 구강으로 돌아 나오면서 공명이 되는 발음이다.

턱 위치 3레벨, 입꼬리를 안쪽으로 모아서 소리가 울리도록 발성해야 한다.

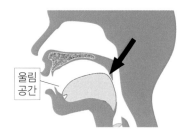

나팔점은 연구개 끝쪽에 위치한다. 혀 뒷부분을 뒤로 내려서 연구개 끝에 닿도록 하고 소리 낸다. 혀 뒷부분으로 연구개를 살짝 뒤로 민다는 느낌으로 발음하면 된다.

[ɔː]는 장음으로 소리 난다. 힘주어 길게 소리 내도록 한다. 나팔점이 연구개 앞쪽인 [oʊ] 발음과 달리 나팔점이 연구개 끝에 위치하기 때문에 나팔점에서의 소리 진동이 연구개 뒤쪽으로 전달되고 다시 구강으로 돌아 나온다. 입으로 바로 나오는 소리와 연구개를 통해 다시 돌아 나오는 소리가 같이 공명하게 된다. 연구개 울림을 아주 크게 발성하는 원어민들이 많다.

※ 혀가 뒤로 물러나면서 입 앞부분(치아와 혀 사이)에도 울림 공간이 만들어진다. 이는 큰 차이는 아니지만 원어민 특유의 발성을 만드는 포인트다.

Rounded [ɔ:] 발음 연습

단어	발음기호	뜻
sore	[sɔːr]	아픈, 쑤시는
core	[kɔːr]	속, 핵심
daughter	[ˈdɔːtə(r)]	딸
sports	[spɔːrts]	스포츠
therefore	[ˈðerfɔː(r)]	그러므로
autumn	[ˈɔːtəm]	가을
poor	[pɔːr;pʊr]	가난한, 불쌍한
enjoy	[ɪnʤɔɪ]	즐기다
coin	[kɔɪn]	동전
soil	[sɔɪl]	흙, 국토
crawl	[krɔːl]	기다, 느리게 가다
appointment	[əˈpɔɪntmənt]	약속, 임명
astronaut	[ˈæstrənɔːt]	우주 비행사
automobile	[ˈɔːtəməbiːl]	자동차
awful	[ˈɔːfl]	끔찍한
balk	[bɔːk]	장애, 방해하다
memorial	[məˈmɔːriəl]	기념비
passport	[ˈpæspɔːrt]	여권

※ 앞에서도 말했지만 우리말 '오이' 형태의 모음은 전부 [ɔ]와 [ɪ]가 합쳐지는 [ɔɪ]이다. [o]와 [ɪ]가 합쳐지는 [oɪ]는 존재하지 않는다. 또 우리말 '오어' 형태의 발음은 모두 [ɔ:r]의 발음기호로 된다.
　([r] 발음에는 [ə] 소리가 같이 포함되어 있으므로 [ɔ:ər]를 줄여 [ɔ:r]로 표기되는 것임)

5) Rounded [ʌ] 발음

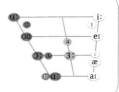

[ʌ]는 [ɔ:]의 힘을 뺀 소리라고 볼 수 있다. 턱 위치는 [ɔ:]와 같은 3레벨이다. 입술에 힘을 빼고 [ɔ]보다 입폭을 조금 넓힌다. 혀 뒷부분에 힘을 빼고 소리 통로를 넓혀 발음하는데 혀가 연구개 끝의 목젖에 살짝 걸치는 느낌이 된다.

턱 위치 3레벨, 입꼬리의 힘을 빼고 입폭을 넓혀 준다.

턱 위치, 혀 모양은 [ɔ:]와 거의 같다. 그러나 나팔 점은 목젖으로 내려가고 목젖에 간섭이 일어난다. ([æ]와 비슷한 발성 방식)

[ʌ]는 짧게 소리 나는 단모음이다. [ɔ:], [ɑ:] 발음과 확실하게 구분되도록 소리 변화 없이 짧게 발음한다. [ɔ:]와 달리 소리 진동이 연구개 뒤쪽으로 많이 전달되지는 않는다.

Rounded [ʌ] 발음 연습

단어	발음기호	뜻
cup	[cʌp]	컵
under	[ˈʌndə(r)]	아래에
other	[ˈʌðə(r)]	다른, 다른 것
mother	[ˈmʌðə(r)]	엄마
pumpkin	[pˈʌmpkɪn]	호박
justify	[ˈʤʌstɪfaɪ]	정당화시키다
multiply	[ˈmʌltɪplaɪ]	곱하다
enough	[ɪˈnʌf]	충분하게
flood	[flʌd]	물이 넘치다, 홍수
front	[frʌnt]	앞의
function	[ˈfʌŋkʃn]	기능, 함수
honey	[ˈhʌni]	벌꿀, 여보
rough	[rʌf]	거친
southern	[ˈsʌðərn]	남쪽의
trust	[trʌst]	신뢰하다
ultimate	[ˈʌltɪmət]	궁극적인
upper	[ˈʌpər]	위쪽의, 높은

6) Rounded [ɑ:] 발음

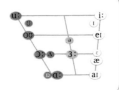

턱을 4레벨로 벌리고 발음한다. 혀 뒷부분을 뒤로 당겨 내려서 목구멍이 동그랗게 되도록 열고 입 안쪽 깊은 곳에서 맑게 울리도록 발음한다.

턱 위치 4레벨, 입술 가장자리가 떨어져서 입폭이 많이 늘어난다.

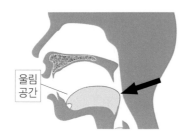

나팔점은 목구멍 안쪽에 위치한다. 화살표(나팔점)로 표시한 위치를 좁혀 소리를 조절한다. 목구멍을 완전히 열고 목구멍 앞에 나팔 모양이 만들어지도록 한다.

[ɑ:]는 길게 소리 나는 장음이다. 목구멍 앞에 둥근 나팔 모양이 만들어지도록 혀 가운데 부분을 낮춰서 발음한다.

※ 혀가 뒤로 물러나면서 입 앞부분에도(치아와 혀 사이) 울림 공간이 만들어진다. 이는 큰 차이는 아니지만 원어민 특유의 발성을 만드는 포인트다.

Rounded [ɑː] 발음 연습

단어	발음기호	뜻
fox	[fɑːks]	여우
hot	[hɑːt]	뜨거운
dot	[dɑːt]	점
copy	[ˈkɑːpi]	복사하다
hospital	[ˈhɑːspɪtəl]	병원
popular	[ˈpɑːpjʊlə(r)]	인기 있는, 대중적인
apology	[əˈpɑːlədʒi]	사과
argue	[ˈɑːrgjuː]	말다툼하다
arm	[ɑːrm]	팔
atomic	[əˈtɑːmɪk]	원자의
bottom	[ˈbɑːtəm/영bɒtəm]	바닥, 맨 아래
calm	[kɑːm]	차분한, 고요한
chop	[ʧɑːp]	잘게 자르다
closet	[ˈklɑːzət]	벽장
document	[ˈdɑːkjumənt]	문서
doll	[dɑːl]	인형
dot	[dɑːt]	점
equality	[iˈkwɑːləti]	평등
evolve	[iˈvɑːlv]	진화하다

※ [ɑː]는 입술 가장자리가 떨어져서 입폭이 많이 늘어난다. [ɑː]를 발음할 때 입폭을 [ə]와 같은 정도로 넓게 벌리고 발음하는 원어민도 있고 Central Vowel로 분류해야 한다는 발음 강좌도 있다. 또 입폭을 넓게 벌리고 [ɑː]를 발음하면 [ɔː]나 [ʌ]와 쉽게 구분되는 장점도 있다.

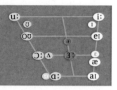
Central Vowel은 혀의 앞부분과 뒷부분 모두 바닥에 붙어 소리 낸다. 입안 전체를 같은 높이의 동굴처럼 만든다. 나팔점이 없는 소리이다. 편안하게 입을 벌린 상태에서 목구멍 안쪽을 열어 힘을 빼고 소리 낸다. 턱 위치는 [ə]는 2레벨, [ɜː]는 3레벨에 두고 발음한다.

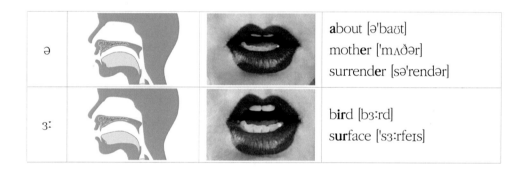

ə			about [əˈbaʊt] mother [ˈmʌðər] surrender [səˈrendər]
ɜː			bird [bɜːrd] surface [ˈsɜːrfeɪs]

Central Vowel 뒤에 [r]이 올 때(_er, _ir 또는 _ur와 같이 뒤에 r이 붙어 소리 나는 경우) 강세를 받으면 [ɜːr]로 표기되고 강세를 받지 않으면 [ər]로 표기된다. surrender [səˈrendər]는 sur_와 _der 모두 강세가 없으므로 [ə]로 표기되고 짧게 발음한다. surface[ˈsɜːrfeɪs]는 sur에 강세가 있으므로 [ɜː]로 표기되고 턱을 좀 더 벌려서 길게 발음한다. 강세 여부만 확인하면 어느 발음인지 쉽게 알 수 있다.

TIP!!

영어에서는 강세가 없는 모음의 경우 Schwa [ə]로 바뀌어 발음되는 경우가 많다. 예를 들면 단어 content가 '내용물'을 의미하는 명사로 쓰일 때는 ['kɑːntent]로 강세를 앞에 두고 [ɑː]로 발음되는데 '만족하는'의 뜻을 가지는 형용사가 되면 [kənˈtent]로 Schwa [ə]로 발음이 바뀌면서 강세가 뒤로 옮겨 간다. 마치 [ɑː]를 발음하려다 마는 듯한 느낌의 소리 [ə]로 바뀌는 것이다.

content	['kɑːntent]	내용물, 목차
content	[kənˈtent]	만족하는, 기꺼이 하는
concept	['kɑːncept]	개념
conception	[kəˈsepʃn]	구상, 신념

1) Central [ə] 발음

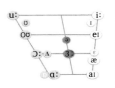

턱을 2레벨(8㎜ 정도)로 벌리고 입술을 중간 정도 가로로 편하게 벌린다.
혀는 바닥에 편안하게 붙이고 나팔점이 생기지 않도록 하고 소리 낸다.

턱 위치는 2레벨, 입술에 힘을 주지 않고 편안하게 벌린다.

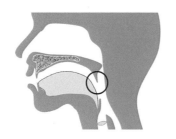

입안 전체가 고른 높이의 동굴 모양으로 **나팔점이 없도록 만든다**는 느낌으로 혀끝을 앞니에 대고 혓바닥 전체를 바닥에 붙인다. 원 표시 부분을 열어서 폐의 압력을 낮추고 힘을 뺀 상태로 소리 낸다.

[ə]는 Schwa라고 하는데 전체 모음의 힘 뺀 소리라고 보면 된다. 악센트가 없는 모음의 경우 단음으로 바뀌지 않으면 대부분 이 Schwa로 바뀌게 된다. 문장 내에서 강세를 받지 않는 모음도 Schwa로 바뀌는 경우가 많다. 영어의 일반적 현상이다.

Central Vowel [ə] 발음 연습

단어	발음기호	뜻
agenda	[əˈʤendə]	의사일정, 의제
analysis	[əˈnæləsɪs]	분석
surrender	[səˈrendər]	항복하다
teacher	[ˈtiːʧər]	선생
hamburger	[ˈhæmbɜːrgə(r)]	햄버거
concern	[kənˈsɜːrn]	영향, 미치다
absent	[ˈæbsənt]	결석한
absolute	[ˈæbsəluːt]	완전한, 확실한
agenda	[əˈʤendə]	의사일정, 의제
agent	[ˈeɪʤənt]	대리인
canal	[kəˈnæl]	운하
cancer	[ˈkænsə(r)]	암
cereal	[ˈsɪriəl]	시리얼, 곡물
common	[ˈkɑːmən]	흔한, 공통의, 보통의
destiny	[ˈdestəni]	운명
dynasty	[ˈdaɪnəsti]	왕조
enemy	[ˈenəmi]	적
ideal	[aɪˈdiːəl]	이상적인

※ hamburger에는 강세가 없는데 [ɜːr]로 표기되어 있다. ham+burger로 합성어가 되기 전에 burger의 bur에 강세
가 있었기 때문에 [ɜːr]로 표기된 것이다.

2) Central [ɜː] 발음

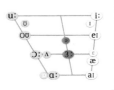

턱을 3레벨로 벌리고 입술을 중간 정도 가로로 편하게 벌린다. 혀는 바닥에 편안하게 붙이고 나팔점이 생기지 않도록 하고 소리 낸다. [ə]보다 입을 좀 더 벌리고 길게 발음한다.

턱 위치는 3레벨, 입술에 힘을 주지 않고 편안하게 벌린다.

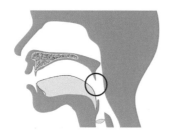

입안 전체가 고른 높이의 동굴 모양으로 **나팔점이 없도록 만든다**는 느낌으로 혀끝을 앞니에 대고 혓바닥 전체를 바닥에 붙인다. 원 표시 부분을 열어서 힘을 빼고 소리 낸다.

[ɜː]에는 항상 강세가 있고 뒤에는 항상 [r]이 붙어 있다. 강세가 있는 경우에만 [ɜːr] 발음으로 되고 강세가 없는 경우에는 [ər]로 소리 난다. 강세 여부만 확인하면 어느 발음인지 쉽게 알 수 있다. [ɑː]와 소리가 잘 구분되려면 혀끝을 앞니 끝에 위치하도록 하는 것이 좋다. 혀 뒷부분은 낮추고 혀끝은 위로 들고 발음하는 느낌으로 소리 내면 된다.

Cemtral Vowel [ɜ:] 발음 연습

단어	발음기호	뜻
bird	[bɜːrd]	새
birth	[bɜːrθ]	태어남, 출생
burn	[bɜːrn]	불타다
burst	[bɜːrst]	터지다
surface	['sɜːrfɪs]	표면, 지면
nurse	[nɜːrs]	간호사
girl	[gɜːrl]	여자아이, 소녀
world	[wɜːrld]	세계
learn	[lɜːrn]	배우다
hurt	[hɜːrt]	다치게 하다
earn	[ɜːrn]	돈을 벌다
work	[wɜːrk]	일하다
emergency	[iˈmɜːrdʒənsi]	응급 사태
circle	['sɜːrkl]	원, 집단
deserve	[dɪˈzɜːrv]	자격이 충분하다
earthquake	['ɜːrθkweɪk]	지진
emergency	[iˈmɜːrdʒənsi]	응급 사태
journey	['dʒɜːrni]	여행
purpose	['pɜːrpəs]	목적, 의도
worry	['wɜːri]	걱정시키다

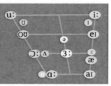
Unrounded Vowel은 입을 가로로 넓게 벌려서 소리가 구강 울림이 없이 그대로 밖으로 퍼져나가도록 발음한다. [iː]에서부터 턱을 단계별로 내리면 i e æ a, 즉 '이 에 애 아'로 소리가 변화한다. 턱이 내려갈 때 입폭은 조금씩만 줄어든다. 그래서 그래프의 오른쪽 줄이 기울어진 정도가 작다.

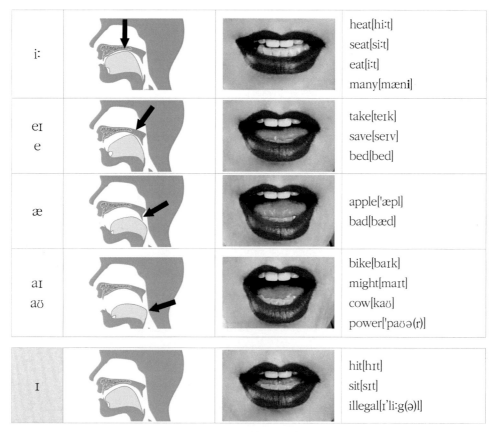

iː			heat[hiːt] seat[siːt] eat[iːt] many[mæni]
eɪ e			take[teɪk] save[seɪv] bed[bed]
æ			apple['æpl] bad[bæd]
aɪ aʊ			bike[baɪk] might[maɪt] cow[kaʊ] power['paʊə(r)]
ɪ			hit[hɪt] sit[sɪt] illegal[ɪ'liːg(ə)l]

※ [ɪ]는 [i]에서 힘을 빼고 발음하는 소리이기 때문에 따로 아래쪽에 넣었다.
※ 우리말 '아이', '아우'로 들리는 모든 발음은 [aɪ], [aʊ]로 표기된다.

턱을 벌릴 때 혀 뒷부분을 뒤쪽으로 당겨서 근접점이 입천장을 따라 내려가도록 한다. 이때 입천장과 혀 뒷부분이 만나는 위치가 달라지면서 소리가 i e æ a로 변화한다. 혀 앞부분을 경구개에 눌러서 대면 [i]가 된다, 혀 뒷부분이 연구개 앞쪽에 닿으면 [e], 혀 뒷부분이 연구개 끝에 걸치면 [æ]가 된다. 혀 뒷부분을 완전히 내려 연구개와 멀어지면 [a]가 된다.

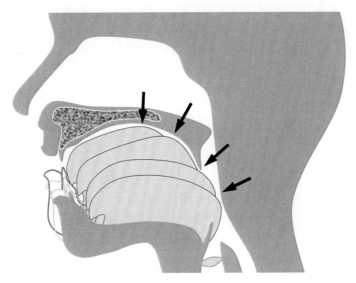

혀의 위치가 바뀔 때 혀와 입천장이 이루는 각도가 커지고 입안 공간도 점점 넓어지면서 소리 울림이 달라진다.

Unrounded Vowel을 소리 낼 때도 입술을 조금 내미는 느낌으로 발음하면 다른 자음과 연결될 때 원어민 느낌을 살릴 수 있다.

1) Unrounded [i:] 발음

턱을 1레벨로 벌리고 입술을 가로로 벌려 입폭을 넓게 만든다. 혀 중간 부분을 경구개에 붙이고 혀 중심선을 따라 소리 통로를 만든다. 성대에서 울린 소리가 이 통로로 빠져나가며 밖으로 전달된다. 나팔점이 딱딱한 경구개에 있기 때문에 비강 울림이 가장 작은 소리이다.

턱 위치는 1레벨, 입술을 힘을 주고 입폭을 넓게 만들어 소리가 울리지 않고 밖으로 빠져나가게 한다.

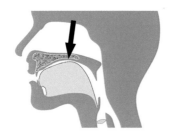

혀끝을 아랫니 뿌리에 대고 앞으로 세워서 붙여 앞쪽 울림 공간을 없앤다. **나팔점은 경구개 끝부분에 위치하게 된다.** 경구개는 단단하기 때문에 비강이나 연구개 뒤쪽으로 소리가 울리지 않는다.

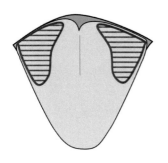

혀가 입천장(경구개 끝부분)에 넓게 닿도록 눌러 붙여 가운데에 좁은 소리 통로를 만든다.

[i]는 보통 장음으로 소리 난다. 힘주어 길게 소리 내도록 한다. [i:]가 Unrounded Vowel의 시작점이다. [i:]의 볼록한 혀 모양 그대로 혀를 내리면서 e, æ, a를 소리 낸다.

Unrounded [iː] 발음 연습

단어	발음기호	뜻
cheap	[ʧiːp]	싼
cheat	[ʧiːt]	속이다
heat	[hiːt]	가열하다
seed	[siːd]	씨
seek	[siːk]	구하다, 찾다
screen	[scriːn]	화면
authority	[əθɔːrəti]	권한, 권위
automobile	[ɔːtəməbiːl]	자동차
accessory	[əkˈsesəri]	부속물
cathedral	[kəˈθiːdrəl]	대성당
cease	[siːs]	그만두다, 그치다
ceiling	[ˈsiːlɪŋ]	천장
equal	[ˈiːkwəl]	같은, 같다
sheet	[ʃiːt]	종이 한 장
fever	[fiːvə(r)]	열, 흥분
ideal	[aɪˈdiːəl]	이상(적인)
leaf	[liːf]	잎
leisure	[ˈliːʒər]	여가, 레저
peel	[piːl]	껍질을 벗기다

※ 단어 끝에 _y로 끝나고 소리가 우리말 '_이'와 유사한 소릿값을 갖는 경우 짧게 소리 나는 단음 [i]로 발음되므로 주의한다. 입폭을 넓게 만들고 짧게 발음한다.

2) Unrounded [ɪ] 발음

[i:]에서 힘을 뺀 소리이다. 턱을 1.5레벨로 하고 모았던 입술의 힘을 빼고 입폭을 [i]보다 좁게 만든다. 경구개에 눌러 붙였던 혀의 힘을 빼서 [i]보다 소리 통로를 넓게 만들고 발음한다.

턱 위치는 1.5레벨, [i]보다 입술에 힘을 빼서 입폭을 좁게 하고 턱을 조금 내려준다.

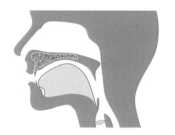

[i]에서 입천장에 눌러 붙였던 혀의 힘을 빼고 소리 통로를 넓혀서 발음한다. **나팔점은 경구개 끝부분이다(i와 같음).** 단지 경구개와 혀 뒷부분 통로가 [i]보다 넓어지도록 한다.

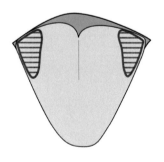

혀 가장자리만 입천장(경구개) 양옆에 닿도록 살짝 붙인다. 입천장에 눌러 붙였던 [i] 혀 모양에서 힘을 빼면 혀와 입천장 사이의 소리 통로가 넓어진다.

[ɪ]는 짧게 소리 나는 단모음이다. Jacky 모음 차트에서 입폭과 턱 위치 관계를 확인하기 바란다. [i]와 구분이 확실하게 되도록 입술과 혀에서 힘을 빼고 변화 없이 짧게 발음해야 한다.

Unrounded [ɪ] 발음 연습

단어	발음기호	뜻
fill	[fɪl]	채우다
hit	[hɪt]	치다, 때리다
skill	[skɪl]	기술
acid	[ˈæsɪd]	산성의
active	[ˈæktɪv]	활동적인
anniversary	[ˌænɪˈvɜːrsəri]	기념일
annoy	[əˈnɔɪ]	화나게 하다
begin	[bɪˈgɪn]	시작하다
being	[ˈbiːɪŋ]	존재, 생물
bit	[bɪt]	조금, 작은 조각
captain	[ˈkæptɪn]	선장, 기장, 주장
eclipse	[ɪˈklɪps]	일식월식
election	[ɪˈlekʃn]	선거
electric	[ɪˈlektrɪk]	전기의
enjoy	[ɪnʤɔɪ]	즐기다, 누리다
eventually	[ɪˈventʃuəli]	결국, 마침내
facility	[fəˈsɪləti]	시설, 설비, 재능
finish	[ˈfɪnɪʃ]	끝내다
pill	[pɪl]	알약

3) Unrounded [eɪ], [e] 발음

턱을 2레벨로 벌리고 [e]를 발음하고 [ɪ]를 이어서 발음한다. 입술을 가로로 넓게 벌려서 소리가 울리지 않도록 발음한다. [e] 단독으로 소리 나는 경우에는 짧게 발음하면 된다.

턱 위치 2레벨에서 [e]를 소리 내고 1.5레벨로 이동해서 [ɪ]를 발음한다.

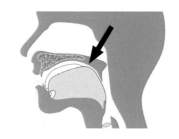

[e]는 **나팔점이 연구개 앞쪽에 위치한다.** [e]를 발음하고 [ɪ] 혀 위치로 이동해서 발음한다.

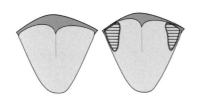

입천장 경구개와 떨어진 상태에서 [e]를 발음하고 입천장(경구개 끝부분)에 혀 가장자리만 닿도록 살짝 붙이고 [ɪ]를 소리 낸다.

[eɪ]는 [e]와 [ɪ]가 합쳐져서 길게 발음되는 장음이고 [e] 단독으로 있는 발음의 경우에는 짧게 소리 내는 단음이다. [e]와 [æ]를 분명하게 발음하지 않아서 [æ]와 잘 구분되지 않는 경우가 많다. '2-8. 비슷한 모음 구분해서 발음하기'에서 구분하는 요령을 자세히 설명할 것이다.

Unrounded [eɪ], [e] 발음 연습

단어	발음기호	뜻
skate	[skeɪt]	스케이트
nail	[neɪl]	손톱, 발톱, 못
anticipate	[æn'tɪsɪpeɪt]	예상하다, 예견하다
available	[ə'veɪləbl]	이용할 수 있는
away	[ə'weɪ]	떨어져, 떠나서
bay	[beɪ]	만
behave	[bɪ'heɪv]	행동하다
label	['leɪbl]	라벨, 상표
beg	[beg]	간청하다, 구걸하다
bet	[bet]	확신하다, 내기를 걸다
healthy	['helθi]	건강한
record	['rekərd;rikɔ́ːrd]	기록, 녹음하다
send	[send]	보내다
temporary	['tempəreri]	일시적인, 임시의
vary	['veri]	다르다, 바꾸다
bed	[bed]	침대
sense	[sens]	느낌, 감각, 분별력
nonsense	['nɑːnsens]	허튼소리, 의미 없는 말

※ 영국 발음에서 [e]는 혼자 소리 나지 않고 항상 [eɪ]로 소리 나고 단독으로 '에'로 소리 나는 발음기호는 [ɛ]라고 앞에서 다뤘다. 미국 영어에서는 [ɛ]는 [e]로 바꿔서 표기하고 소리도 [e]와 구분하지 않고 같이 취급한다는 것을 기억해두자.

※ 혀 가운데를 조금 높여 혀 양옆이 어금니 밖으로 벗어나지 않도록 만들어 발음한다. 원어민들은 가로로 입을 많이 벌려서 양 볼과 치아 사이에 공간을 만들어 울림이 만들어지도록 발음한다.

4) Unrounded [æ] 발음

턱을 3.5레벨로 벌리고 입술을 벌려 입폭을 넓게 만든다. 나팔점은 연구개 끝 목젖에 위치하는데 혀가 목젖에 닿도록 한다.

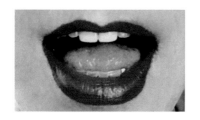

턱 위치 3.5레벨, 입은 가로로 넓게 벌린다.

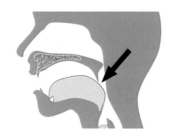

나팔점은 목젖에 위치한다. 목젖과 혀가 닿아 목구멍이 양쪽으로 나뉘므로 성대에서 울려나온 소리가 탁성에 가깝게 바뀐다. 연구개 끝의 목젖과 목구멍 뒷벽에서 간섭이 일어나 갈라지는 느낌의 소리가 된다.

[æ]는 장음으로 소리 난다. 힘주어 길게 소리 내도록 한다. 단독의 [e] 발음과 확실하게 구분되도록 길게 발음한다. 나팔점이 목젖과 목구멍 안쪽에 동시에 걸리면서 소리 난다.

Unrounded [æ] 발음 연습

단어	발음기호	뜻
action	[ˈækʃn]	행동, 조치
bad	[bæd]	나쁜
sand	[sænd]	모래
fashion	[ˈfæʃn]	유행, 인기
scramble	[ˈskræmbl]	허둥지둥 움직이다
asset	[ˈæset]	자산
attach	[əˈtæʧ]	붙이다, 첨부하다
attack	[əˈtæk]	공격하다, 발작
avenue	[ˈævənuː]	길거리
backbone	[ˈbækboʊn]	등뼈, 척추
barrier	[ˈbæriər]	장벽
battle	[ˈbætl]	전투, 다툼
calculate	[ˈkælkjuleɪt]	계산하다
cancel	[ˈkænsl]	취소하다
category	[ˈkætəgɔːri]	범주
ceramic	[səˈræmɪk]	도예, 도자기
example	[ɪgˈzæmpl]	예, 모범
galaxy	[ˈgæləksi]	은하
laugh	[læf]	웃다, 웃음

※ 혀 양옆이 어금니 밖으로 벗어나지 않도록 한다. 한국어 발음은 양볼에 닿을 때까지 혀를 옆으로 펴서 발음하는 경향이 있어서 딱딱한 발음이 되기 쉽다.

5) Unrounded [aɪ], [aʊ] 발음

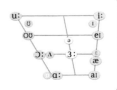

턱을 4레벨로 벌리고 발음한다. 혀 뒷부분을 뒤로 당겨 내려서 목구멍을 둥글게 만들고 입 안쪽 깊은 곳에서 맑게 울리도록 발음한다. [a]를 발음하고 [ɪ]나 [ʊ]를 이어서 발음하면 된다.

턱 위치는 4레벨, 입폭을 넓게 만들어 발음한다.

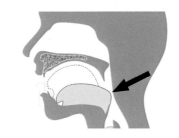

나팔점은 목구멍, 화살표 위치를 좁혀 소리를 조절한다. 소리 진동이 연구개 뒤 공간을 울리며 입안으로 빠져나가게 된다. 목구멍을 열어 둥근 원 모양이 되도록 하고 목구멍 앞에 나팔 모양이 만들어지도록 한다.

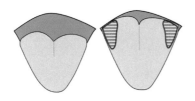

입천장 경구개와 떨어진 상태에서 [a]를 발음하고 입천장(경구개 끝부분)에 혀 가장자리만 닿도록 살짝 붙이고 [ɪ]나 [ʊ]를 소리 낸다.

※ [æ] 발음할 때는 목젖과 혀 뒷부분이 닿도록 하지만 [a] 발성은 혀 뒷부분이 목젖에서 떨어지도록 해야 한다.

[aɪ], [aʊ]는 장음으로 길게 소리 내도록 한다. 앞에서도 다뤘지만 [a]는 단독으로 사용되는 경우가 없다. [aɪ], [aʊ] 형태로만 사용되며 이 외에 다른 모음과 이중모음을 이루는 경우도 없다.

Unrounded [aɪ], [aʊ] 발음 연습

단어	발음기호	뜻
aisle	[aɪl]	긴 통로
alike	[əˈlaɪk]	비슷한, 같은
alive	[əˈlaɪv]	살아 있는
aloud	[əˈlaʊd]	소리 내어, 큰소리로
advise	[ədˈvaɪz]	조언, 충고하다
announce	[əˈnaʊns]	발표하다
bilingual	[ˌbaɪˈlɪŋgwəl]	2개 국어의
clown	[klaʊn]	어릿광대
deny	[dɪˈnaɪ]	부정, 부인하다
desirable	[dɪˈzaɪərəbl]	바람직한
doubt	[daʊt]	의심, 의심하다
justify	[ˈʤʌstɪfaɪ]	정당화시키다
power	[ˈpaʊər)]	힘, 권력
scribe	[skraɪb]	묘사하다
triangle	[ˈtraɪæŋgl]	삼각형
wild	[waɪld]	야생의, 거친

※ 혀 양옆이 어금니 밖으로 벗어나지 않도록 한다. 특히 [aʊ]는 혀가 세모 모양(앞에서 봤을 때)으로 되도록 가운데를 높게 모아서 혀와 양볼 사이에 공간을 만들어 발음하는 원어민들이 많다.

Jacky 모음 차트 보충 설명

1. 입천장에 눌러서 붙인 1레벨 혀 모양 그대로 뒤로 당겨지면서 2, 3, 4레벨로 내려간다고 생각하면 혀 모양은 명확해진다. 혀는 앞에서 봤을 때도 옆에서 봤을 때도 위로 동그랗게 볼록한 모양이 유지 되도록 한다.

2. 혀가 2, 3, 4레벨로 내려가면서 혀끝도 뒤로 조금씩 당겨져서 내려간다. 그래서 혀끝 근처에 울림공 간이 만들어진다. 특히 3, 4레벨의 Rounded Vowel 경우는 혀끝 주위의 울림 공간이 있고 없고 에 따라 소리 느낌이 달라진다.

3. 턱을 많이 벌리지 않으며 말하더라도 혀가 입천장에 닿는 위치나 움직임은 정확하게 만들어 발음해 야 한다.

4. [ʊ] 발음이 단모음으로 발음되는 경우 입폭을 많이 벌리고 발음하는 원어민들이 많다. 그래서 [ʊ]의 위치가 좀 더 오른쪽으로 이동하는 것이 맞을 수 있다. 다만, Jacky 모음 차트에서는 [ʊ]가 [i]의 힘 뺀 소리라는 개념에 맞춰서 [i] 가까운 곳에 표시한 것이므로 참고하기 바란다.

영어 모음은 한국어의 모음과 같은 소리가 하나도 없다. 비슷한 소리가 있을 뿐이다. 한국어로 억지로 표기하면 ə, ɜ, ʌ의 3개의 모음이 '어'로 표기된다. a, ɑ가 '아'로, i, ɪ가 '이'로, u, ʊ가 '우'로, o, ɔ가 '오'로 표현된다. 경우에 따라 오, 어, 아가 왔다갔다하면서 표현되는 경우도 있다. 이런 표기 방법 때문에 그 쉬운 영어 발음이 엄청나게 어려워져 버렸다. 지금이라도 IPA 발음기호대로 정확하게 구분해서 발음하고 엉터리 한국어 표기 방식은 버려야 한다. 영어 단어의 소리를 모르면 발음기호를 적도록 해야 한다. Jacky 모음 차트가 있으니 발음기호와 소리가 쉽게 연결될 것이다.

영어 모음에는 비슷한 소리들이 많다. 이런 소리를 구분하기 위해 소리의 길이를 달리하거나 소리에 높낮이 변화를 주기도 하는 등 여러 가지 장치가 준비되어 있다.

1) [uː], [ʊ] 구분해서 발음하기

[uː]는 혀를 경구개에 눌러 붙이고 입술을 모아 입 폭을 좁히고 길게 발음한다. 소리 변화가 느껴지도 록 천천히 길게 발음한다. [ʊ]는 [uː]보다 입술의 힘을 빼고 입폭을 조금 넓힌 상태로 턱은 아래로 조금 더 열어서 짧게 발음한다. [uː]의 턱 위치는 1레벨, [ʊ]의 턱 위치는 1.5레벨로 구분해서 발음한다.

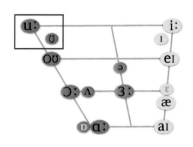

uː	ʊ
입을 모아서 입폭을 좁게 만든다.	입술에 힘을 빼서 입폭을 조금 넓힌다.
턱을 조금 내려서 연다. 1레벨.	턱을 [uː]보다 조금 더 내린다. 1.5레벨.
혀를 경구개에 눌러 붙여 소리 통로를 좁게 만들고 발음한다.	혀에 힘을 빼서 소리 통로를 [uː]보다 넓게 만들고 발음한다.
소리 변화가 느껴지도록 천천히 길게 발음한다.	소리 변화 없이 짧게 발음한다.

※ [uː]와 [ʊ]를 구분하지 않고 발음해서 실수하는 경우가 많으므로 주의해야 한다.

[uː], [ʊ] 단어 연습

단어	발음기호	뜻
fool	[fuːl]	바보
full	[fʊl]	가득한
goose	[guːs]	거위
good	[gʊd]	좋은, 즐거운
book	[bʊk]	책
would	[wʊd]	will의 과거
wood	[wʊd]	나무 목재
moon	[muːn]	달
balloon	[bəˈluːn]	풍선, 가구
mood	[muːd]	기분, 분위기
soon	[suːn]	곧, 일찍
childhood	[ˈtʃaɪldhuːd]	어린 시절, 유년시절
understood	[ʌndərˈstud]	이해된, 양해된
choose	[tʃuːz]	고르다, 선택하다
root	[ruːt]	뿌리
foot	[fʊt]	발
smooth	[smuːð]	매끈한, 잔잔한

※ 자음에서 설명하겠지만, wood[wʊd]에서 [w] 소리는 [u]와 입 모양이 같고 진동을 좀 더 세게 실어주는 발음이다. u → ʊ로 입 모양을 바꾸면서 소리를 다르게 구분해서 발음해야 한다. 마치 '우워드'처럼 들리게 되는 이유이다.

2) [iː], [ɪ] 구분해서 발음하기

아래 앞니의 잇몸에 혀끝을 대고 앞으로 내밀어 세
우고 입폭은 넓게 벌려서 발음한다. [iː]는 혀를 경구
개에 눌러 붙이고 입술을 좌우로 넓게 벌리고 소리
변화가 느껴지도록 천천히 길게 발음한다. [ɪ]는 [iː]보
다 입술의 힘을 조금 빼고 입폭을 조금 좁힌 상태로
턱은 아래로 조금 더 열어서 짧게 발음한다. [iː] 턱
위치는 1레벨, [ɪ] 턱 위치는 1.5레벨로 구분해서 발음한다.

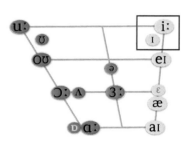

iː	ɪ
입을 가로로 넓게 힘주어 벌린다.	입꼬리에 힘을 빼고 입폭을 조금 좁힌다.
턱을 조금 내려서 연다. 1레벨.	턱을 [iː]보다 조금 더 내린다. 1.5레벨.
혀를 경구개에 앞쪽에 눌러 붙이고 가운데에 소리 통로를 좁게 만들어 발음한다.	혀의 힘을 빼고 가장자리만 어금니 옆 경구개에 붙이고 발음한다.
소리 변화가 느껴지도록 천천히 길게 발음한다.	소리 변화 없이 짧게 발음한다.

[iː], [ɪ] 단어 연습

단어	발음기호	뜻
seat	[siːt]	좌석
sit	[sɪt]	앉다
heel	[hiːl]	발뒤꿈치
hill	[hɪl]	언덕
feel	[fiːl]	느끼다
fill	[fɪl]	채우다
sheep	[ʃiːp]	양
ship	[ʃɪp]	배
sheet	[ʃiːt]	종이 한 장
steal	[stiːl]	훔치다
still	[stɪl]	아직, 훨씬
asleep	[əˈsliːp]	잠든
feedback	[ˈfiːdbæk]	피드백
peel	[piːl]	껍질을 벗기다
pill	[pɪl]	알약
seek	[siːk]	구하다, 찾다
sick	[sɪk]	아픈, 병든
receipt	[rɪˈsiːt]	영수증, 인수, 수령액
disease	[dɪˈziːz]	병
exceed	[ɪkˈsiːd]	넘어서다, 초과하다
windshield	[ˈwɪndʃiːld]	차 앞 유리

3) [oʊ], [ɔː] 구분해서 발음하기

[oʊ]는 2레벨로 나팔점을 연구개 앞부분에 두고 발 음을 시작한다. 그래서 비강이 많이 울리지 않고 [ʊ] 로 발음이 바뀌면서 울림은 더 작아진다. [ɔː]는 3레벨 이고 나팔점이 연구개 끝부분이다. 나팔점의 떨림이 연구개 뒤쪽으로 울리며 전달된다. 얇은 연구개막을 통해 연구개 뒤로 소리가 전달되었다가 다시 구강으 로 돌아 나오면서 큰 공명이 만들어진다.

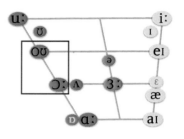

oʊ	ɔː
턱을 조금 내려서 연다. 2레벨. 나팔점이 연구개 앞쪽에 위치. 공명을 줄여 발음한다. 입 앞쪽 공간이 작아서 구강 울림이 작다.	[o]보다 턱을 조금 더 내려서 연다. 3레벨. 나팔점이 연구개 끝에 위치. 연구개 뒤쪽이 같이 공명하도록 발음한다. 입 앞쪽 공간이 커서 구강 울림도 크다.

원어민 중에는 o → ʊ로 발음 변화를 명확하게 하지 않는 경우가 많고, [oʊ]를 '오'로 표기한 외래어들이 많아서 [ɔː]와 헷갈리는 발음이다. [oʊ]는 반드시 [ʊ]가 발음되도록 한다. [ɔː]는 다른 자음으로 이어질 때 입 모양을 빠르게 바꿔서 [oʊ]와 잘 구분되도록 발음해야 한다.

[oʊ], [ɔː] 단어 연습

단어	발음기호	뜻
home	[hoʊm]	집, 집으로
hole	[hoʊl]	구멍
hall	[hɔːl]	현관, 연회장
own	[oʊn]	자신의, 직접 한
focus	['foʊkəs]	초점, 집중하다
folk	[foʊk]	사람들, 민속의
fork	['fɔːrk]	포크
coach	[koʊʧ]	코치, 지도하다
ignore	[ɪgˈnɔːr]	무시하다
clone	[kloʊn]	복제 생물, 복제하다
cobalt	[koʊbɔːlt]	짙은 청록색(코발트)
cosmos	['kɑːzmoʊs]	우주, 코스모스
audio	[ɔːdɪoʊ]	오디오, 녹음의
photo	['foʊtoʊ]	사진
poster	[poʊstər]	포스터, 벽보
total	['toʊtl]	전체의, 완전한
zone	[zoʊn]	구역, 범위
gone	[gɔːn;gɑːn]	가 버린
globe	[gloʊb]	지구본, 구
ghost	[goʊst]	유령, 나쁜 기억
toast	[toʊst]	토스트, 건배
cost	[kɔːst]	비용, 경비
coast	[koʊst]	해안

4) [e], [æ] 구분해서 발음하기

소리의 길이로 구분하면 가장 쉽다. [e]는 소리 변화 없이 짧게 발음하고 [æ]는 소리 변화가 느껴지도록 천천히 길게 발음하고 목젖에서 간섭받는 느낌이 나도록 발음한다. [e]의 턱 위치는 2레벨, [æ]는 3.5레벨로 발음한다.

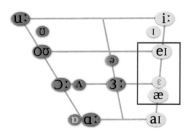

e	æ
입을 가로로 넓게 벌린다. 턱 위치 2레벨. 나팔점은 연구개 앞쪽. 소리 변화 없이 짧게 발음한다.	입을 가로로 넓게 벌린다. 턱 위치 3.5레벨. 나팔점은 목젖 근처. 소리 변화 주고 길게 발음한다. 목구멍에서 나온 소리가 목젖과 이중으로 간섭이 일어난다.

※ [æ]가 a와 e가 합쳐진 이중모음(dipthong)이라고 하는 주장도 있다.

[e], [æ] 단어 연습

단어	발음기호	뜻
bed	[bed]	침대
bad	[bæd]	나쁜
said	[sed]	말했다(say 과거)
sad	[sæd]	슬픈
send	[send]	보내다
sand	[sænd]	모래
bend	[bend]	구부리다
band	[bænd]	무리, 반창고
dead	[ded]	죽은, 케케묵은
dad	[dæd]	아빠
head	[hed]	머리
had	[hæd]	have의 과거분사
bet	[bet]	확신하다, 내기하다
bat	[bæt]	박쥐
alphabet	[ˈælfəbet]	알파벳
access	[ˈækses]	접근하다
asset	[ˈæset]	자산
ancestor	[ˈænsestər]	조상´ 선조
athletic	[æθˈletɪk]	운동선수

5) [ɔ:], [ʌ], [ɑ:] 구분해서 발음하기

ɔ:, ʌ, ɑ:는 입폭이 비슷하고 나팔점 위치도 비슷하기 때문에 구분하기 어려운 발음이다. [ɔ:]는 입꼬리를 모아서 입폭을 좁힌다. [ʌ]는 입꼬리에 힘을 빼서 [ɔ:]보다 입폭을 조금 넓혀준다. [ɑ:]는 턱이 4레벨로 더 내려가면서 입폭이 더 벌어진다. 혀 뒷부분을 내려서 맑게 소리 나도록 하면 [ɔ:, ʌ와 쉽게 구분된다. [ɔ:, ɑ:]는 장음이기 때문에 길게 발음해야 한다.

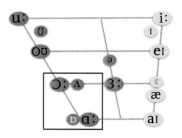

ɔ:	ʌ	ɑ:
입꼬리를 모으고 입술 가장자리를 붙여 입을 동그랗게 만든다. 턱 위치 3레벨. 길게 발음. 혀로 연구개를 미는 듯 닿게 하고 연구개 뒤쪽에서 공명이 일어나도록 소리 낸다.	입꼬리 힘을 빼서 입폭을 조금 벌려 준다. 턱 위치 3레벨. 소리 변화 없이 짧게 발음. 연구개 끝의 목젖에 혀가 살짝 닿도록 만들고 소리 낸다.	입술 가장자리가 떨어지면서 입폭이 커진다. 턱 위치 4레벨. 길게 발음. 혀가 연구개에서 멀리 떨어지도록 하고 목구멍 앞을 완전히 열어 발음한다.

[ɔː], [ʌ], [ɑː] 단어 연습

단어	발음기호	뜻
father	['fɑːðə(r)]	아버지
mother	['mʌðə(r)]	어머니
start	[stɑːrt]	시작하다
part	[pɑːrt]	일부, 부분
cop	[kɑːp]	경찰
cup	[kʌp]	컵
hot	[hɑːt]	뜨거운
hut	[hʌt]	오두막
bottom	['bɑːtəm]	바닥, 맨 아래
butt	[bʌt]	밑동, 굵은 끝
caught	[kɔːt]	catch의 과거형, 과거분사형
cut	[kʌt]	자르다
awesome	['ɔːsəm]	굉장한
custom	['kʌstəm]	관습, 습관
number	['nʌmbə(r)]	숫자, 번호
done	[dʌn]	완료된
multiple	['mʌltɪpl]	다수의, 복합적인
summer	['sʌmə(r)]	여름
triumph	['traɪʌmf]	업적, 대성공

6) [ɜ:], [ɑ:] 구분해서 발음하기

[ɜ:]는 혀를 평평하게 바닥에 붙이고 연구개도 위로 들어 올려서 나팔점이 없는 소리이다. 턱 위치는 3레벨이다. [ɑ:]는 턱을 더 벌려 4레벨에 두고 입꼬리를 살짝 오므리고 혀 뒷부분을 내려서 소리가 맑게 울려 나오도록 발음한다.

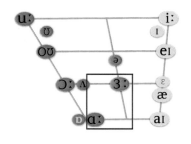

ɜ:	ɑ:
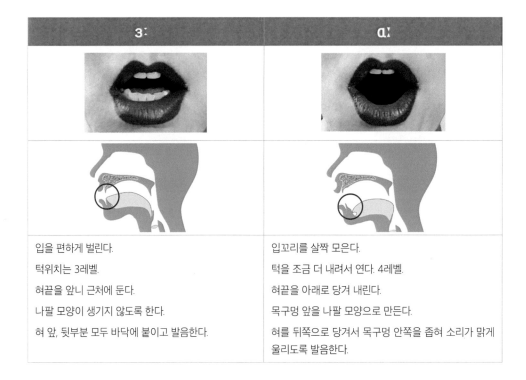	
입을 편하게 벌린다. 턱위치는 3레벨. 혀끝을 앞니 근처에 둔다. 나팔 모양이 생기지 않도록 한다. 혀 앞, 뒷부분 모두 바닥에 붙이고 발음한다.	입꼬리를 살짝 모은다. 턱을 조금 더 내려서 연다. 4레벨. 혀끝을 아래로 당겨 내린다. 목구멍 앞을 나팔 모양으로 만든다. 혀를 뒤쪽으로 당겨서 목구멍 안쪽을 좁혀 소리가 맑게 울리도록 발음한다.

[ɜ:]는 항상 [r] 발음이 따라온다. [ɜ:r]과 [ɑ:r] 소리를 잘 구분하려면 [ɜ:]는 혀끝을 앞니 끝에 두고 [ɑ:]는 혀끝을 아래로 향하게 하고 발음한다. [r] 위치로 움직일 때의 혀끝 움직임 때문에 소리가 잘 구분된다.

[ɜː], [ɑː] 단어 연습

단어	발음기호	뜻
bird	[bɜːrd]	새
girl	[gɜːrl]	소녀
world	[wɜːrld]	세상, 세계
work	[wɜːrk]	일하다
hurt	[hɜːrt]	다치게 하다, 아프다
heart	[hɑːrt]	마음, 심장
part	[pɑːrt]	일부, 약간, 부품
hot	[hɑːt]	뜨거운
top	[tɑːp]	꼭대기
anniversary	[ˌænɪˈvɜːrsəri]	기념일
article	[ˈɑːrtɪkl]	기사, 물품
certainly	[ˈsɜːrtnli]	확실히, 물론
confirm	[kənˈfɜːrm]	확정하다, 확증을 보이다
harmony	[ˈhɑːrməni]	조화
charge	[ʧɑːrʤ]	요금, 책임, 청구하다
charm	[ʧɑːrm]	매력, 매혹하다
darkness	[ˈdɑːrknəs]	어둠
department	[dɪˈpɑːrtmənt]	부서
garbage	[ˈgɑːrbɪʤ]	쓰레기
father	[ˈfɑːðə(r)]	아버지

※ hurt[hɜːrt]와 heart[hɑːrt]의 경우 hurt는 턱을 조금만 벌리고 혀끝을 들고 [ɜː]와 [r]을 거의 동시에 발음하고, heart는 턱을 좀 더 많이 벌리고 혀끝을 아래로 당겨 내리고 [ɑː]를 발음한 후 혀끝을 들며 [r]을 발음한다. heart는 혀끝이 훨씬 더 먼 거리를 움직이게 된다.

Jacky 모음 차트를 외우자

IPA의 모음 도표를 영어에 사용하는 발음기호만으로 정리하고 입폭과 턱의 위치로 단순화한 도표이다. 개념을 숙지하고 외워두면 모음을 정확하게 발음할 수 있다. 원어민이 좀 독특하게 발음하더라도 구분해서 들을 수 있다. 유튜브나 책의 발음 강좌를 보면 모음 설명을 전부 제각각으로 하고 있다. 우리는 IPA의 기준으로 따라가도록 하자.

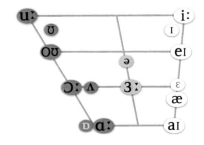

영어 모음은 입폭의 길이에 따라 3그룹으로 분류된다

Rounded Vowel은 입폭을 좁게 하고 입안 공간을 만들어 소리가 입안에서 울리도록 발음한다. Unrounded Vowel은 입폭을 넓게 하고 혀를 앞으로 이동시켜 소리가 울리지 않도록 발음한다. Central Vowel은 혀 전체를 바닥에 붙이고 입폭은 중간 정도로 벌리고 발음한다.

영어 모음은 턱 위치에 따라 4단계로 구분된다

턱을 내릴 때 혀와 입천장이 만나는 위치가 달라진다. 혀 중간 부분을 경구개 끝부분에 눌러서 대면 [u, I]가 된다, 혀가 연구개 앞쪽에 닿으면 [o, e], 연구개 끝에 닿으면 [ɔ, æ]가 된다. 혀 뒷부분을 완전히 내려 연구개와 멀어지면 [ɑ, a]가 된다.

처음 연습 때부터 확실한 기준을 잡는 게 중요하다

해당 모음의 레벨에 맞게 턱과 혀를 정확하게 움직여 발음하도록 노력해보자. 턱은 많이 움직이지 않더라도 혀 뒷부분을 정확히 움직여 나팔점 위치에 따른 소리 울림의 차이를 확실히 인지하는 것이 중요하다.

Part 3

자음
(Consonant Sounds)

영어 자음은 입술과 치아, 치경, 그리고 연구개를 막았다가 열거나 비음을 섞거나 성대를 울리거나 울리지 않거나 하면서 여러 가지 소리를 만들어 낸다. 의사소통을 원활하게 하기 위해 입은 최소한으로 움직이면서 차이는 명확하게 드러나도록 하는 발성 방법을 고민한 결과물일 것이다. 아주 오랜 과거에는 더 다양한 소리가 존재했을지도 모른다. 소리 나는 위치를 달리하기도 하고 움직임을 달리하면서 조금씩 변화되어 왔을 것이다. 구분이 어려운 소리는 없애거나 통일했을 것이다. 오랜 세월을 거치면서 구분이 쉬운 소리들만 남아 현재에 이른 것이라 할 수 있겠다. 영어 자음은 한국어의 자음 발성과 많이 다른 체계를 갖고 있다. 자음도 구성 원리를 알아야 정확하게 발음할 수 있고 오래 기억할 수 있다. 정확한 발음 방법을 알아야 쉽게 발음할 수 있고 빠르게 발음할 수 있다. 제대로 공부해 보자.

영어 자음은 A, E, I, O, U를 제외한 나머지 알파벳이 모두 자음이다. 자음에는 22가지의 소리가 있는데 대부분 유성음, 무성음이 짝을 지어 있다.

유성음	무성음	사용 예
b	p	power[pauʀ] paper['peɪpər] cap[cæp] beer[bɪr] baseball['beɪsbɔːl] gab[gæb]
v	f	face[feɪs] coffee['kɔːfiː] safe [seɪf] vase[veɪs] heaven[hevn] save[seɪv]
ð	ө	think[өɪnk] authority [əˈөɔːratiː] with[wɪө] there[ðer] without[wɪˈðaut] clothe[klouð]
d	t	test[test] printer['prɪntə(r)] state[steɪt] daughter['dɔːtə(r)] birthday['bɜːrөdeɪ] trade[treɪd]
z	s	same[seɪm] success [səkˈses] eraser[irέisər] zigzag['zɪgzæg] cosmos['kɑːzmous] size[saɪz]
ʒ	ʃ	ship[ʃɪp] function['fʌŋkʃn] dish [dɪʃ] casual['kæʒuəl] pleasure['pleʒə(r)] vision['vɪʒn]
ʤ	ʧ	cheese[ʧiːz] church[ʧɜːrʧ] catch[kæʧ] jam[ʤæm] adjust[əˈʤʌst] judge[ʤʌʤ]
g	k	kick[kɪk] knuckle['nʌkl] take[teɪk] gauge[geɪʤ] angle['æŋgl] pig[pɪg]
	h	home[houm] behind[bɪˈhaɪnd]
ŋ		english['ɪŋglɪʃ] song[sɔːŋ]
m		make[meɪk] command[kəˈmænd] awesome['ɔːsəm]
n		need[niːd] nation['neɪʃn] nine[naɪn]
j		year[jɪr] yard[jɑːrd] yes[jes]
w		would[wud, wəd] wood[wud] switch[swɪʧ] where[wer]

※ 성대가 울리지 않는 발성을 무성음이라 하는데 호흡만 내보내며 하는 발성이다. 알파벳 W, Y는 모음 역할을 하는 경우도 있지만 자음으로 분류되고 있다. ' 표시는 바로 뒤 음절의 모음에 강세가 있다는 표시다.

1) 영어 자음은 0~1레벨에서 발음한다

영어 발음을 영어답지 않게 만드는 첫 번째 이유는 자음과 모음이 동시에 같이 발음되어 버리는 것이라고 앞에서 언급했다. 'Papa'나 'Mama'를 한국식으로 발음하면 턱을 미리 벌리고 혀를 '아' 모양으로 미리 만들어두고 입술만 붙였다가 떼면서 '파파', '마마'라고 발음할 것이다. 아주 빠르게 발음하고 자음 길이가 매우 짧다. 반대로 영어권, 특히 미국에서는 [p]를 발음할 때 터트리는 동작부터 시작해서 완전히 완료하는 데 꽤 시간이 걸린다. 그 이후에 [ɑ] 발음을 시작한다. [ɑ]가 완전히 종료하는 데도 꽤 시간을 허비한다. 마치 '프으아프으아' 하는 것 같다. 특히 어린 아기들이 말을 배울 때 느리게 발음하는 걸 보면 확실히 느낄 수 있다. 이들은 [p]를 발음할 때 미리 입을 벌려두지 않기 때문이다. 이 사소한 차이가 영어 발음의 리듬을 완전히 다르게 한다. 자음 뒤에 1~2레벨의 모음이 붙을 때는 원어민의 발음과 큰 차이가 없지만 3~4레벨의 ɔ, æ, a, ɑ같이 입을 많이 벌리는 모음이 붙으면 그 차이는 아주 크게 나타난다.

1. 자음을 발음할 때는 절대로 턱을 미리 벌려두지 않도록 하자. 자음은 항상 0~1레벨에서 발음하도록 한다.
2. 따로 움직이지 않도록 입술은 항상 턱에 고정되어 움직인다고 생각하자. [p, b]를 발음할 때 입술만 밀어 올려서 다물었다가 터트리지 말고 턱을 같이 다물어서 입술이 맞닿도록 발음습관을 바꾸자.
3. 혀도 마찬가지이다. 미리 모음 모양으로 만들어 준비하지 않도록 하자.

모든 자음에서 동일하게 지켜져야 할 원칙이다.

2) 유성자음은 성대를 미리 울려줘야 한다

유성자음 중에 b, d, g, ʤ와 같이 터트려 소리 나는 발음이 있다. 이들이 단어 첫머리에 오는 경우 성대를 울린 소리가 먼저 밀고 올라오도록 한 후 호흡으로 밀어 터트려야 한다. 즉, 읍ㅂ, 은ㄷ, 윽ㄱ, 은ㅈ 같은 느낌으로 발음해야 한다. 이 작은 차이를 지키지 않으면 완전히 다른 소리로 들릴 수 있다.

3) 자음은 의도적으로 모음과 입 모양을 다르게 발음한다

자음의 소리를 모음에서 분리하기 위해 자음의 입 모양뿐 아니라 혀 모양을 다르게 두고 발음하면 좋다. feel이나 fool 같은 단어의 경우 [f]를 발음할 때는 혀 가운데 부분을 바닥에 내리고 있다가 모음 [iː]나 [uː]는 혀를 밀어 올리며 발음하는 것이다. 자음과 모음이 따로 소리 나게 되고 원어민 발음과 좀 더 가까워진다.

TIP!! 혀는 어금니나 입천장에 가볍게 붙여 지지한 상태로 필요한 부분만 움직이며 발음한다. 혀가 너무 먼 거리를 움직이게 되면 발음이 어눌해질 수 있다. 가급적 최소한으로 정확하게 움직이는 게 좋다.

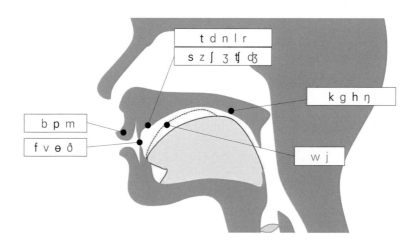

자음의 소리 나는 위치를 한눈에 볼 수 있도록 표시한 그림이다. 영어라는 언어를 최초에 누군가가 만들었다고 가정하고 그 누군가의 머릿속으로 들어가 왜 이렇게 했을까를 생각해 보자. 영어 자음의 소리들이 쉽게 이해될 것이다. 소리 나는 위치에 따라 그룹을 나누어 보면 그 의도가 어느 정도 보인다. 어떤 소리는 입술을 마주 물었다가 떼면서 소리 낸다. 혀 앞부분을 움직이기도 하고 혀 뒷부분을 움직이기도 한다. 비음을 섞기도 하고 성대를 울리거나 울리지 않거나 하면서 소리를 구분할 수 있는 장치를 만들었다. 어떤 소리가 어느 위치에서 나는지 그룹별로 먼저 알아보고 뒤에서 각각의 소리를 하나씩 살펴보겠다. 빨간색으로 표시한 발음기호들은 성대를 울리며 소리 나는 유성음이고 검은색은 성대 울림이 없이 발음하는 무성음이다. **자음을 발음할 때 턱의 위치는 대부분 0~1레벨 사이에서 발음되도록 한다.**

1) b p m 그룹

아래위 입술을 마주 다물고 발음하는 소리 그룹이다.

발음기호	발음 설명
b	입술을 마주 문 상태에서 성대를 울린 호흡과 함께 입술을 밀어 터트리는 소리이다.
p	[b]와 똑같이 소리 내지만 성대를 울리지 않고 호흡으로만 밀어 터트리는 무성음이다.
m	입술이 [b]와 똑같이 움직이지만, 콧소리로 시작하는 것이 다르다. 입술을 떼며 소리가 끝난다.

※ 모두 입술을 앞으로 밀어 터트리며 소리가 끝난다.

2) f v θ ð 그룹

모두 앞니와 관계있는 소리 그룹이다. f, v는 아랫입술과 위쪽 앞니 사이에서 소리 나고 θ, ð는 혀끝을 앞니 사이에 갖다 댄 상태에서 소리 나는 그룹이다.

발음기호	발음 설명
f, v	아랫입술과 윗니 사이로 공기를 내보내며 내는 소리이다. [f]는 성대가 울리지 않는 무성음이다.
θ, ð	앞니 사이에 혀를 내밀어 물듯이 댄 상태에서 치아와 혀 사이로 공기를 내보내며 나는 소리이다. [θ]는 무성음이다.

※ f, v, θ, ð 모두 입술이나 혀가 치아에서 떨어지면서 소리가 끝나는데 [f]와 [θ]는 소리가 끝날 때 혀가 떨어지는 느낌과 입술이 떨어지는 느낌이 명확하게 차이 나도록 발음해야 잘 구분된다.

3) t d n l r 그룹

혀끝을 치경 근처에 두고 호흡을 닫거나 열면서 소리 내는 그룹이다.

발음기호	발음 설명
t, d	혀끝을 치경(윗니 잇몸)에 대고 호흡을 막았다가 떼면서 소리 낸다. [t]는 무성음이고 [d]는 유성음이다.
n	혀가 [d]와 똑같이 움직이지만 콧소리로 시작하는 것이 다르다. 혀를 떼며 소리가 끝난다.
l	혀가 [d]와 똑같이 움직이지만, 혀 좌우 측면을 좁게 열어둔 상태에서 소리가 시작되고 혀를 떼며 소리가 끝난다.
r	혀가 [d]와 비슷하게 움직이지만, 혀 끝부분만 열린 상태에서 소리가 시작되고 혀를 펴면서 소리가 끝난다. 울림을 더 좋게 하기 위해 입폭을 좁혀 발음한다.

※ 모두 혀가 치경에서 멀어지면서 소리가 끝난다.

4) s z ʃ ʒ ʧ ʤ 그룹

혀 앞부분을 치경 근처에 두고 소리 내는 그룹이다. 이 소리는 아래, 윗니를 맞닿게 해서 치아 사이로 소리가 빠져나가도록 한다. (0레벨)

발음기호	발음 설명
s, z	입술은 가로로 편하게 벌리고 혀 앞부분을 넓게 윗잇몸(치경)에 근접시켜 호흡을 내보내는 소리이다. [s]는 무성음이고 [z]는 성대 울림과 함께 호흡을 내보내는 유성음이다.
ʃ, ʒ	[s]와 동일한 입 모양에 입꼬리를 앞으로 모은 소리이다. 치아와 입술 사이에서 한 번 더 휘감아 돌며 떨리도록 발음한다. [ʃ]는 무성음이고 [ʒ]는 유성음이다.
ʧ, ʤ	[ʧ]는 [t]와 [ʃ]가, [ʤ]는 [d]와 [ʒ]가 합쳐진 형태의 소리이다. 입 모양은 [ʃ, ʒ]와 같다. 단지 [t, d] 때와 같이 혀끝을 치경에 붙였다가 떼면서 [ʃ, ʒ] 소리를 낸다. [ʧ]는 무성음이고 [ʤ]는 유성음이다.

※ 입꼬리를 모아준 ʃ ʒ ʧ ʤ의 경우 소리가 이중으로 휘감아 돌아 나가게 된다. (혀-치아 사이에서 한 번, 치아-입술 사이에서 한 번) s z와 다른 부분이다.

5) k g h ŋ 그룹

호흡을 막거나 터트리는 동작이 혀 뒷부분에서 이루어지는 소리 그룹이다.

발음기호	발음 설명
k, g	혀뿌리 부분으로 입천장을 막았다가 떼면서 나는 소리이다. [k]는 무성음이다. [g]는 유성음이다.
h	혀 뒷부분을 입천장에 근접시켜서 호흡을 내보내며 나는 소리이다. 무성음이다.
ŋ	혀 뒷부분을 입천장에 붙여서 입으로 나가는 호흡을 막고 코로 호흡을 내보내며 나는 소리이다.

※ [k]와 [g]는 턱 위치를 1레벨로 다문 상태에서 발음해야 정확한 소리가 된다.

6) w j 그룹

모음 [uː]와 [iː]의 입 모양으로 소리 내는 그룹이다. 혀 앞부분을 눌렀다 떼며 진동을 추가해서 소리가 울리도록 발음한다.

발음기호	발음 설명
w	모음 [u]를 발음하면서 혀 앞부분에서 한 번 더 진동을 더한 소리이다. 입폭을 좁게 모았다가 넓혀 주며 발음한다. 짧게 발음하는 '우으'와 비슷한 소리이다.
j	모음 [i]를 발음하면서 혀 앞부분에서 한 번 더 진동을 더한 소리이다. 입폭을 넓게 벌렸다가 살짝 모아 주며 발음한다. 짧게 발음하는 '이으'와 비슷한 소리이다.

※ 일반적인 모음(u, i)은 성대에서 울린 소리가 소리 통로를 타고 그대로 밖으로 빠져나오는 소리이다. [u], [i] 소리에 혀 앞부분에서 강하게 눌러주며 진동을 한 번 더 얹어주는 소리가 [w], [j]이다.

자음별 발음 살펴보기

1) 자음 [b, p]

[b, p]는 아래위 입술을 서로 눌러서 마주 닿게 한 후 호흡으로 내밀어 터트리면서 끝내는 소리이다. 입술을 안으로 조금 말아 넣었다가 터트리는 것이 좋다.

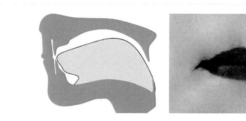

조음 방법

유성음 [b]와 무성음 [p]는 입 모양이 같은 소리이다. [p]는 무성음이므로 성대 울림이 없어야 한다. [b]는 유성음이므로 터트리기 전에 먼저 성대가 울려야 한다. 즉, 성대를 울린 호흡이 입술을 밀어내면서 '음ㅂ' 하듯이 소리 내도록 한다.

소리 시간 유지

입술을 닫을 때 꾹 눌렀다가 터트려서 발성 시간이 충분히 확보하도록 한다. 닫을 때부터 터트리기까지가 발성 시간이 된다.

무성음인 [p]는 입술로 호흡을 막았다가 터트리지 않고 다음 소리로 넘어가는 경우도 있다.

TIP!!

Can you help me?

이 문장을 '캔 유 헬 미?'라고 발음하는 분을 본 적 있다. help me에서 연음이 되기 때문에 [p] 발음이 묵음으로 된다는 것이다. 그런데 이건 절대로 묵음이 아니다. 소리가 들리지 않을 뿐이다. 터트리지 않고 호흡만 잠깐 멈추는 [p] 발음이다. [p]를 발음하듯이 입 모양을 만들고 호흡을 잠시 멈추며 [p]를 발음한 후 [m]을 발음해야 한다.

단어 연습

단어	발음기호	뜻
bubble	[ˈbʌbl]	거품
pipe	[paɪp]	파이프
problem	[ˈprɑːbləm]	문제, 난제
postbox	[ˈpoʊstbɑːks]	우체통
popcorn	[ˈpɑːpkɔːrn]	팝콘
chapter	[ˈʧæptə(r)]	장, 제목
chopstick	[ˈʧɑːpstɪk]	젓가락
helpful	[ˈhelpfl]	도움이 되는
apple	[æpl]	사과
support	[səˈpɔːrt]	지지하다
happy	[hæpi]	행복한
blackboard	[ˈblækbɔːrd]	칠판
keyboard	[ˈkiːbɔːrd]	자판
purpose	[ˈpɜːrpəs]	목적, 의도
bumper	[ˈbʌmpə(r)]	범퍼, 완충장치
vampire bat	[ˈvæmpaɪərbæt]	흡혈박쥐
people	[ˈpiːpl]	사람들

TIP!!

- 무성음은 호흡을 잠시 멈추는 것으로 발음을 대신하기도 한다.

유성음 사이에 오는 무성음 발음은 울리던 성대를 멈춰야 하기 때문에 제대로 소리 내기가 어렵다. 특히 p, t, k는 마지막에 터트려 줘야 하는 파열음이기 때문에 더 그렇다. 그래서 호흡을 잠시 멈추어 주는 것으로 발성을 대신하는 경우가 많다. p, t, k 소리 뒤에 b, k, t, s 등 무성음 또는 소리들이 오는 경우 터트리지 않거나 약하게 터트린 후 다음 소리로 진행한다.

- 중복자음인 경우 짧게 소리 내고 말아 버리면 느낌이 살지 않는다.

특히 -er, -y, -ing 등으로 변화할 때 자음을 한 번 더 붙이는데 좀 더 길고 분명하게 소리 낸다. 예) happy, shopping, mapping

2) 자음 [m]

[m]은 입술을 마주 대고 입으로 나가는 호흡을 막고 연구개를 열어 비강으로 소리를 내보내다가 입술을 터트리며 끝나는 소리이고 유성음이다.

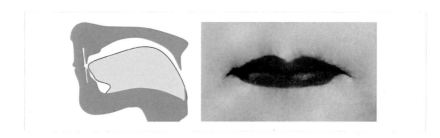

조음 방법

입술을 다물어 막은 다음 코를 통해 호흡을 내보내 발음한다. 유성음이므로 성대가 울리도록 발음한다. 성대의 울림이 입안 전체에서 공명하며 코를 통해 빠져나가게 된다. 입술로 막을 때 살짝 안으로 물듯이 말아 넣었다가 앞으로 밀어 터트리면 좋은 발성이 된다.

소리 시간 유지

한국어 초성의 'ㅁ' 발음은 순간적으로 입술을 닫았다가 뗀다. 영어의 'm'은 '음므'인 것처럼 소리 낸다. 입술을 닫을 때 꾸~욱 눌렀다가 떼서 발성 시간이 길게 확보되도록 한다. 닫을 때부터 터트리기까지가 발성 시간이 된다.

뒤 모음의 입 모양으로 미리 벌려 준비하지 않도록 한다.

단어 연습

단어	발음기호	뜻
moon	[muː n]	달
movie	['muː vi]	영화
harmony	['hɑ rməni]	조화
human	['hjuː mən]	인간
magazine	['mægəziː n]	잡지
mayonnaise	['meɪəneɪz]	마요네즈
memorial	[məˈmɔː riəl]	기념비
memory	['meməri]	기억
merge	[mɜːrdʒ]	합병하다, 합치다
millennium	[mɪˈleniəm]	1천 년
minimum	['mɪnɪməm]	최소
moment	['moʊmənt]	순간, 지금, 잠깐, 기회
mood	[muː d]	기분, 분위기
multiply	['mʌltɪplaɪ]	곱하다
museum	[mjuziːəm]	박물관
problem	['prɑːbləm]	문제, 난제
pumpkin	['pʌmpkɪn]	호박
thermometer	[θərˈmɑː mɪtə(r)]	온도계
triumph	['traɪʌmf]	업적, 대성공
umbrella	[ʌmˈbrelə]	우산

TIP!!

원어민들이 moon을 발음할 때 마치 '음머운'처럼 들리는 경우가 있다. 입술을 안으로 말았다가 밀어 터트리면 입폭이 넓어서 [ə]처럼 된다. 그 상태에서 입술을 모아 [uː] 발음을 하게 되면 '머운'처럼 들리게 되는 것이다. 한국 사람들은 '문'이라고 발음할 때 이미 뒷 모음의 '우'의 입 모양을 만들어 두고 소리 낸다. 한국어 습관을 버려야 한다. moon이 한국어 '문'이 되지 않도록 연습하자.

3) 자음 [f, v]

[f, v]는 윗니에 아랫입술을 가볍게 닿게 한 후 호흡을 내뱉으며 발음한다. 입술이 치아에서 떨어질 때 끝나는 소리이다.

조음 방법

유성음 [v]와 무성음 [f]는 입 모양이 같은 소리이다. [f]는 무성음이므로 성대 울림이 없어야 한다. [v]는 유성음이므로 성대가 울리며 소리 나야 한다. 아랫입술을 치아 사이에 넣어 물고 소리내기도 하지만 빠르게 말할 때 어눌해질 수 있다. 턱을 내리면서 입술이 윗니를 가볍게 스쳐 지나가도록 하면 발음이 쉬워진다.

소리 시간 유지

충분한 시간 소리가 유지되도록 해야 한다. 너무 짧게 소리 내고 말면 다른 소리와 구분하기 어렵다. 입술과 치아가 직각으로 맞닿도록 하면 소리가 갑자기 끝나서 다른 소리와 구분이 어려워진다. 입술이 비스듬한 각도로 접근하고 미끄러지듯 떨어지도록 하면 소리가 부드럽게 시작되고 부드럽게 끝난다.

입술만 움직여 발음해도 되지만 빠르게 말할 때는 턱을 빠르게 위로 올렸다 내리며 발음하는 것이 유리하다.

단어 연습

단어	발음기호	뜻
fever	[fiː və(r)]	열, 흥분
five	[faɪv]	5, 다섯
activation	[ætə'veɪʃən]	상승, 활성화
avoid	[ə'vɔɪd]	(회)피하다
effective	[ɪ'fektɪv]	효과적인
enough	[ɪ'nʌf]	충분하게
expensive	[ɪks'pensɪv]	비싼
favorite	['feɪvərit]	매우 좋아하는
flavor	[fléɪvər]	맛(을 내다)
forbidden	[fər'bɪdn]	금지된
graphic	['græfɪk]	그래픽의
photo	['foʊtoʊ]	사진
television	['telɪvɪ3n]	TV
valve	[vælv]	밸브
verify	['verɪfaɪ]	입증하다, 확인하다
vibration	[vaɪ'breɪʃn]	진동, 떨림

※ [f, v]가 모음 앞에서 소리 날 때는 입술을 아래로 내리며 닿게 하고 모음 뒤에 올 때는 입술을 위로 밀어 올리며 발음하면 쉽게 발음할 수 있다.

※ [f, v] 발음의 경우 입술과 치아 사이에서 부드럽게 시작되도록 해야 다른 소리와 잘 구분된다. [b, p]는 입술이 터지는 소리가 분명하게 나도록 발음해야 한다. [θ, ð]는 치아 사이에서 혀가 떨어지는 소리가 확실히 나도록 발음한다.

bear[ber], vare[ver], there[ðer]

4) 자음 [θ, ð]

[θ, ð]는 치아 사이에 혀끝을 가볍게 대고 호흡을 내뱉으며 소리 내고 혀가 치아에서 떨어질 때 끝나는 소리이다. 치아와 혀끝 사이의 틈새로 공기가 빠져나가도록 하고 마지막에 혀가 치아에서 떨어지는 소리가 분명하게 나도록 한다.

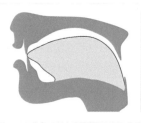

조음 방법

유성음 [ð]와 무성음 [θ]는 입 모양이 같은 소리이다. [θ]는 무성음이므로 성대 울림이 없어야 하고 [ð]는 유성음이므로 성대가 울리도록 발음해야 한다. 혀는 많이 내밀어 물지 말고 끝부분이 조금만 밀려나오도록 한다. 혀 양옆은 어금니에 닿게 해서 지지하도록 한다.

소리 시간 유지

치아 사이로 빠져나가는 소리의 느낌을 확실하게 내고 혀가 치아에서 떨어지는 소리가 분명하게 잘 들리도록 발음한다. 치아에서 분리되는 소리가 명확하게 나야 [s], [f] 등 다른 소리와 구분되기 때문이다.

단어 연습

단어	발음기호	뜻
think	[θɪnk]	생각하다
there	[ðer]	거기에
that	[ðæt]	그것
cloth	[klɔ: θ]	옷감
clothe	[kloʊð]	옷을 입다
bath	[bæθ]	욕조
bathe	[beɪð]	목욕하다
thief	[θi: f]	도둑
smooth	[smu: ð]	매끈한, 잔잔한
birthday	['b3:rθdeɪ]	생일
toothache	['tu: θeɪk]	치통
breath	[breθ]	호흡
breathe	[bri: ð]	숨 쉬다
twentieth	[tw'entiiθ]	스무 번째의

TIP!!

서수 발음

_y 뒤에 _eth, _est, _ing가 붙어서 서수, 최상급, 진행형 등으로 바뀔 때 그 발음은 i: 가 아니라 ii 형태로 되므로 따로 발음해야 한다. sixtieth 발음할 때 θ를 발음하면서 혀 뒷부분을 내리게 되기 때문에 마치 i가 ə로 바뀌는 느낌이 있다. 그래서 '식스티이θ'가 아닌 '식스티어θ' 느낌이 되도록 발음한다.

twentieth[tw'entiiθ] 20번째의 sixtieth['sɪkstiiθ] 60번째의

prettiest[prɪtiist] pretty(예쁜, 귀여운)의 최상급

ugliest[ʌgliist] ugly(추한)의 최상급

studying[stʌdiiŋ] 공부하는, 배우는 notifying[nɔ: tɪfaɪiŋ] 알리는

5) 자음 [t, d]

[t, d]는 혀끝을 넓게 치경에 대고 공기 흐름을 막았다가 터트리며 내는 소리이다.

 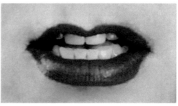

조음 방법

유성음 [d]와 무성음 [t]는 입 모양이 같은 소리이다. [t]는 무성음이므로 성대 울림이 없어야 하고 [d]는 유성음이므로 터트리기 전에 성대를 울린 호흡이 혀를 밀면서 빠져나오도록 '을드' 하듯이 소리 낸다. 뒤 모음의 입 모양을 미리 만들지 않도록 한다.

유성음 사이에 무성음인 [t]가 들어가면 [t]를 유성음화해서 [d]로 발음하기도 한다. 혀끝으로 치경을 탁 때리듯이 발음하기 때문에 tapping sound라고 하고 우리말 'ㄹ'과 비슷하게 소리 난다. [t]는 소리 내지 않고 호흡을 멈춰 발음을 대신하는 경우도 있다. [t]의 앞이나 뒤에 [n]이 오는 경우 연구개를 열어서 비강으로 소리가 빠져나가도록 터트려 발음하기도 한다.

소리 시간 유지

혀끝으로 치경을 꾹 눌렀다가 떼면서 발음한다. 사전의 발음기호에 [t]가 표시되어 있다면 반드시 발음하도록 한다. internet['ɪntərnet] twenty['twenti]는 묵음이 아니다. 호흡을 짧게 멈춰주거나 [t] 위치에 소리를 죽여 주면 [t] 발음의 느낌이 살아난다. 한글로 굳이 표현해 보자면 '이너넷'이 아니라 '인,어넷', '트웨니'가 아니라 '트웬,이'가 맞는 소리이다.

단어 연습

단어	발음기호	뜻
date	[deɪt]	날짜
dog	[dɔː]	개
pad	[pæd]	패드, 덧대는 것, 깔개
teacher	[ˈtiː ʧə(r)]	교사, 선생
tiger	[ˈtaɪgə(r)]	호랑이
state	[steɪt]	상태, 국가
button	[ˈbʌtn]	단추
curtain	[ˈkɜː rtn]	커튼
mountain	[ˈmaʊntn]	산
hotdog	[ˈhɑː t dɔː g]	핫도그
chatting	[ˈʧætɪŋ]	채팅
matter	[ˈmætə(r)]	문제, 상황
battery	[ˈbætəri]	배터리
water	[ˈwɑː tər]	물
often	[ɔː fn ;ɔː ftn]	자주, 종종
twenty	[ˈtwenti]	20

※ chatting matter battery

영국에서는 쌍자음 'tt'를 '읕'과 'ㄴㅌ'를 따로 소리 내서 홑자음 't'와 구분되도록 발음한다. ʧ애ㄴㅌ잉이라고 두 개의 t를 정확하게 발음한다. 미국에선 'ʧ애링'에 가깝게 들리지만 좋은 발음을 가진 원어민의 소리를 뜯어보면 'ʧ애' 하고 코로 숨을 잠시 멈추고(무호흡 t) 't잉' 한다. 't '가 'ㄹ'로 변한다고 해서 완전한 한국식 '췌링'은 아닌 것이다. 확실하게 전달되는 좋은 발음이 되려면 '츄애ㄴ잉', '매ㄴ어r', '배ㄴ어뤼'식으로 아주 짧게 멈추는 구간을 넣어주는 것이 좋다.

※ [t] 호흡을 잠시 막았다가 터트리지 않고 다음 소리로 넘어가는 무호흡 [t]로 발음하는 경우도 있다. 전체 호흡을 막는 시간이 [t]의 발성 시간이 된다. (t 뒤에 p, b, t, d 등 터트리는 소리들이 오는 경우 t를 터트리지 않거나 약하게 터트린 후 다음 소리로 진행한다)

castle[ˈkæsl], fasten[ˈfæsn], wrestling [ˈreslɪŋ] 같은 단어는 [t] 발음이 묵음이다.

6) 자음 [n]

[n]은 혀끝을 치경에 붙여서 입으로 나가는 호흡을 막고 연구개를 열어 비강으로 소리를 내보내다가 혀끝을 떼면서 끝나는 소리이고 유성음이다.

조음 방법

유성음 [m]와 [ŋ]와 같이 비강으로 소리를 내보내는 비음이다. 혀끝을 치경에 대고 막은 다음 코를 통해 호흡을 내보내 발음한다. 유성음이므로 성대가 울리도록 발음해야 한다. 성대의 울림이 입안에서 공명하며 코를 통해 빠져나가게 된다. 혀 양옆은 어금니와 입천장에 닿게 해서 지지한 상태에서 혀 앞부분만 움직이도록 한다.

소리 시간 유지

혀끝을 치경에 눌렀다가 떼서 발성 시간이 길게 확보되도록 한다. 한국어 초성의 'ㄴ' 발음은 순간적으로 혀를 붙였다가 뗀다. 영어의 [n]은 '은느'인 것처럼 눌렀다가 떼는 느낌으로 소리 내야 한다. money['mʌni]를 우리말 '머니'가 아니라 '먼니'에 가깝게 발음하는 원어민들이 있다. 자음 길이를 확보하기 위해 [n] 발음을 길게 하면 '먼니'에 가깝게 들리게 되는 것이다.

단어 연습

단어	발음기호	뜻
need	[niːd]	필요로 하다
nerve	[nɜːrv]	신경
abandon	[əˈbændən]	버리다, 포기하다
administration	[ədˌmɪnɪˈstreɪʃn]	관리
analyze	[ǽnəlàiz]	분석하다
ancient	[ˈeɪnʃənt]	고대의, 옛날의
annual	[ˈænjuəl]	1년의
assignment	[əˈsaɪnmənt]	과제, 할당
channel	[ˈʧænl]	채널, 경로
communicate	[kəˈmjuːnɪkeɪt]	의사소통하다
companion	[kəmˈpæniən]	친구
concentrate	[ˈkɑːnsntreɪt]	전념하다
concern	[kənˈsɜːrn]	영향을 미치다
international	[ɪntərˈnæʃnəl]	국제적인
money	[ˈmʌni]	돈
national	[ˈnæʃnəl]	국가 소유의
nonsense	[ˈnɑːnsens]	허튼소리, 의미 없는 말
opinion	[əˈpɪnjən]	의견, 견해
thin	[θɪn]	얇은, 날씬한

7) 자음 [l]

[l] 발음은 혀끝을 치경에 대고 소리 내는데 혀의 좌우 틈새로 소리가 울려나가는 유성음이다.

조음 방법

혀끝을 치경에 누르면서 갖다 댄다. 혀 앞부분은 앞니와 송곳니에 붙이고 뒤쪽 어금니 옆에 좁은 틈새를 만들고 호흡을 내보내며 발음한다. 이때 혀 뒷부분은 아래로 내려줘서 뒷부분에 공간을 만들고 소리가 울리며 밖으로 빠져나가도록 한다.

혀끝을 좀 더 내밀어 앞니로 물고 발음하기도 한다.

소리 시간 유지

눌렀다가 떼는 느낌으로 소리 내도록 한다. '을르'와 같은 느낌으로 발음한다. [l] 발음을 [r]과 잘 구분되지 않게 발음하는 한국 사람들이 많다. 혀끝만 살짝 붙여 발음하면 구분이 어렵다. 혀로 치경을 넓게 누르고 혀 좌우로 빠져나가는 틈을 좁게 만들어 발음해야 한다. 치경을 누를 때의 소리('을')와 뗄 때 떨어지는 소리('르')가 잘 나도록 해야 한다. 특히 치경을 눌렀을 때의 소리 '을'을 조금 길게 압력을 가해 누른다는 느낌으로 해주면 좋다.

단어 연습

단어	발음기호	뜻
law	[lɔː]	법, 법률
line	[laɪn]	선, 줄
already	[ɔːlˈredi]	이미, 벌써
amalgamate	[əˈmælɡəmeɪt]	혼합시키다, 융합하다
analyze	[ǽnəlàiz]	분석하다
arrival	[əˈraɪvl]	도착
bilingual	[ˌbaɪˈlɪŋwəl]	2개 국어의
brilliant	[ˈbrɪliənt]	빛나는, 재주 있는
calculate	[ˈkælkjuleɪt]	계산하다
channel	[ˈtʃænl]	채널, 경로
classic	[ˈklæsɪk]	고전적인, 고전음악
cold	[koʊld]	추운, 감기
deliberate	[dɪˈlɪbərət]	의도적인, 신중한
early	[ˈɜːrli]	초기의, 일찍
enlarge	[ɪnˈlɑːrdʒ]	확대하다
essential	[ɪˈsenʃl]	중요한, 필수적인 것
feel	[[fiːl]	되돌아가다
flood	[flʌd]	물로 뒤덮다, 홍수
girl	[ˈɡɜːrl]	소녀

※ 자음 [l]을 발음할 때 혀끝은 올리고 혀 뒷부분을 낮추게 된다. 혀를 움직일 때 마치 [ə]에서 [l]로 소리가 이어지는 느낌의 소리가 된다. feel이 'f이얼'로 milk가 '음이얼ㅋ'로 '얼'처럼 들리는 이유이다. 한국어식으로 '필, 밀크'라고 하면 외국인에게는 다른 소리로 들린다.

8) 자음 [r]

[r] 발음은 혀끝을 치경 근처에 들어 올린 상태에서 나는 소리이다. 혀끝과 치경 사이로 소리가 울려나가는 유성음이다.

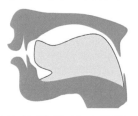

조음 방법

[r] 발음을 할 때는 입술을 모아 입폭을 좁게 모으고 혀끝을 치경에 가까이 가져가서 소리 낸다. 이때 혀가 윗 어금니에 닿지 않게 한다. 혀 측면이 양 볼에 닿아 미끄러지며 움직이도록 하면 발음하기 편하다. 소리 내는 중에는 혀를 멈추는 동작이 없도록 연속적으로 움직이면 좋다. [r]은 다른 자음과 달리 2레벨 정도에서 소리 난다고 보면 된다. 혀끝을 안으로 깊이 말아 넣으면 발음이 어색하고 어려워진다.

[r]은 혀 앞부분만 빠르게 움직여 혀끝을 치경 근처로 가져가서 소리 내고 다음 발음 위치로 이동하도록 한다. 혀끝을 짧고 빠르게 안으로 당겼다가 빠르게 펴야 소리가 명확해진다. 동시에 입폭을 같이 모았다가 넓혀주면 발음하기 쉽고 소리도 분명하게 나고 상대방에게 잘 들린다.

소리 시간 유지

[r] 발음을 할 때 모음을 동시에 소리 내려 하면 안 된다. [r]을 2레벨 정도에서 먼저 정확하게 소리 내고 다음 입 모양으로 전환되도록 한다.

단어 연습

단어	발음기호	뜻
roll	[rɔː l]	두루마리, 말아놓은 통
return	[rɪˈtɜː rn]	되돌아가다, 돌려주다
portable	[ˈpɔː rtəbl]	이동 가능한
airsick	[ˈersɪk]	비행기 멀미를 하는
prince	[prɪns]	왕자
girl	[gɜːrl]	소녀
world	[wɜːrld]	세계
spring	[sprɪŋ]	봄
string	[strɪŋ]	줄
address	[əˈdres;美ˈædres]	주소, 연설
admire	[ədˈmaɪə(r)]	존경하다, 감탄하다
advert	[ˈædvɜː rt]	출현
arise	[əˈraɪz]	일어나다
arm	[ɑː rm]	팔
bird	[bɜː rd]	새
certify	[ˈsɜː rtɪfaɪ]	증명하다
rabbit	[ˈræbɪt]	토끼
recover	[rɪˈkʌvər]	회복하다
radical	[ˈrædɪkl]	근본적인, 급진적인

TIP!!

한때 설소대(혀 앞부분을 턱과 연결하는, 가는 힘줄)를 잘라내는 수술이 한국에서 유행했다. 한국 사람은 설소대가 짧아서 영어 발음이 안 된다는 이유로 말이다. 혀를 안으로 깊이 말아 넣을 수 있어야 r 발음이 된다는 잘못된 상식 때문이다. 혀를 안으로 깊숙이 말면 소리도 이상하고 다음 소리로 이동하는 데도 문제가 많다. 실시간 MRI 영상을 보면 r 발음을 할 때 깊이 말아 넣는 원어민은 거의 없다. 혀끝을 살짝 들어 치경에 가까이 대고 입폭을 좁게 모으고 발음한다.

9) 자음 [s, z]

[s, z]는 혀 앞부분을 치경 근처에 가까이 가져가서 좁은 틈을 통해 호흡을 내뱉으며 나는 소리이다.

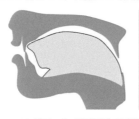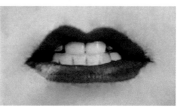

조음 방법

무성음 [s]와 유성음 [z]는 입 모양이 같은 소리이다. [s]는 무성음이므로 성대 울림이 없어야 하고 [z]는 유성음이므로 성대를 울려 발음한다. 혀 앞부분으로 치경을 모두 덮는다는 느낌으로 가까이 대고 혀 양옆은 어금니에 지지하도록 한다. 턱 위치는 0레벨로 하고 아래윗니가 맞닿게 해야 한다. 단독으로 소리 날 때는 치아가 맞닿았을 때와 그렇지 않았을 때 큰 차이가 없지만 뒤에 다른 모음이 연결될 때는 느낌의 차이가 크다. 발음할 때 꼭 지켜야 할 중요한 원칙이다.

소리 시간 유지

터트리지 않고 지속되는 발음이므로 시간이 잘 유지되는 소리이다. 소리가 갑자기 시작되거나 갑자기 끝나지 않아야 [θ], [ð] 발음과 잘 구분된다. 다음 모음으로 부드럽게 이어지도록 발음한다.

단어 연습

단어	발음기호	뜻
see	[si:]	보다
sound	[saʊnd]	소리, 음향
source	['sɔːrs]	소스, 근원
zoo	[zuː]	동물원
salad	['sæləd]	샐러드
sausage	['sɔːsɪʤ]	소시지
zone	[zoʊn]	구역, 범위
scissor	['sizər]	가위로 자르다, 오려내다
eraser	[ɪ'reɪsər]	지우개
pizza	[piːtsə]	피자
jazz	[ʤæz]	재즈
success	[sək'ses]	성공
zeal	[zi: l]	열의, 열성
zealous	['zeləs]	열성적인
zebra	['zi: brə]	얼룩말
zigzag	['zɪgzæg]	지그재그
zero	['zɪroʊ]	제로
zone	[zoʊn]	구역, 범위

10) 자음 [ʃ ʒ]

[ʃ, ʒ]는 혀 모양은 [s]와 동일하고 입술 모양만 다르다. 입술을 앞으로 모아서 치아와 입술 사이에서 한 번 더 휘감아 돌도록 발음한다.

조음 방법

무성음 [ʃ]와 유성음 [ʒ]는 입 모양이 같은 소리이다. [ʃ]는 무성음이므로 성대 울림이 없어야 하고 [ʒ]는 유성음이므로 성대가 울리도록 발음한다. 혀 앞부분으로 치경을 모두 덮는다는 느낌으로 가까이 대고 혀 양옆은 어금니에 닿게 해서 지지하도록 한다. 이때 치아는 아래윗니가 맞닿게 한다. [s, z] 등 다른 소리와 잘 구분되도록 입폭을 좁혀줘야 한다.

소리 시간 유지

터트리지 않고 지속되는 발음이므로 시간이 잘 유지되는 소리이다. 소리가 갑자기 시작되거나 갑자기 끝나지 않도록 발음하면 된다.

단어 연습

단어	발음기호	뜻
shake	[ʃeɪk]	흔들다, 흔들리다
shrink	[ʃrɪnk]	줄어들다, 움츠러들다
genre	[ˈʒɑːnrə]	장르
addition	[əˈdɪʃn]	더하기
admission	[ədˈmɪʃn]	입장, 입회, 입장료
captious	[kæpʃəs]	트집 잡는, 헐뜯는
cash	[kæʃ]	현금
combination	[ˌkɑːmbɪˈneɪʃn]	조합, 부호
convention	[kənˈvenʃn]	관습, (대규모) 대회
ensure	[ɪnˈʃʊr]	보장하다, 반드시 하게 하다
push	[pʊʃ]	밀다
casual	[ˈkæʒuəl]	평상시의, 무심한
collage	[kəˈlɑːʒ]	콜라주
measure	[ˈmeʒə(r)]	측정하다, 판단하다
television	[ˈtelɪvɪʒn]	텔레비전
usual	[ˈjuːʒuəl]	보통의, 평소의
version	[ˈvɜːʒən]	버전, 변화
visual	[ˈvɪʒuəl]	시각의, 눈으로 본

※ [ʃ] 뒤에 모음 [i]가 붙은 것처럼 발음하면 틀린 발음이다. 우리말 '슈'에 가깝게 소리 내야 한다. [ʃ]의 한국어 표기가 '쉬'라서 뒤에 모음 [ɪ]가 붙은 것처럼 [ʃɪ]로 잘못 발음하는 사람들이 많다. 정확하게 발음되도록 주의해야 한다.

11) 자음 [ʧ, ʤ]

[ʧ]는 [t]와 [ʃ] 그리고 유성음인 [ʤ]는 [d]와 [ʒ]가 합쳐진 발음이다. [t]를 발음하면서 동시에 [ʃ]를, [d]를 발음하면서 바로 이어서 [ʒ]를 발음하면 된다.

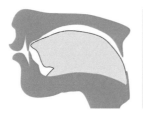

조음 방법

무성음 [ʧ]와 유성음인 [ʤ]는 입 모양이 같은 소리이다. [ʧ]는 무성음이므로 성대를 울리지 않고 [ʤ]는 성대를 울리도록 발음한다. [t], [d] 발음 때와 같이 혀 앞부분을 치경에 붙이고 호흡을 막았다가 터트려 떼면서 윗잇몸(치경)에 가까이 유지하고 [ʃ], [ʒ]를 이어서 발음한다. 뒤에 모음 '이'가 붙어서 발음되지 않도록 주의해야 한다. 혀 양옆은 어금니에 닿게 해서 지지하도록 한다. 이때 치아는 아래윗니가 맞닿게 한다. 입폭을 좁게 만들어야 치아 뒤쪽에서 휘감아 도는 소리가 제대로 난다.

소리 시간 유지

터트린 이후에도 잠시 발음 시간을 더 유지한다. 소리가 갑자기 끝나지 않도록 발음해야 한다.

TIP!! [ʧ] 뒤에 모음 [ɪ]가 붙은 것처럼 발음하면 틀린 발음이다. '츄'에 가깝게 소리 내야 한다. [ʧ]는 한국어 표기가 '취'이라서 뒤에 모음 [ɪ]가 붙은 것처럼 [ʧɪ]로 잘못 발음하는 사람들이 많다. 정확하게 발음되도록 주의해야 한다.

단어 연습

단어	발음기호	뜻
cheap	[ʧiː p]	싼
check	[ʧek]	점검(하다)
judge	[ʤʌʤ]	판사, 심판
actually	['ækʧuəli]	실제로, 참으로
adjust	[ə'ʤʌst]	적응하다
approach	[ə'prouʧ]	접근(하다)
architecture	['ɑː rkɪtekʧə(r)]	건축
attach	[ə'tæʧ]	붙이다, 첨부하다
average	['ævərɪʤ]	평균적인
bench	[benʧ]	벤치
chairman	['ʧermən]	의장, 회장
chocolate	['ʧɑː klətl]	초콜릿
christian	['krɪsʧən]	기독교의
church	[ʧɜː rʧ]	교회
gorgeous	['gɔː rʤəs]	아름다운, 화려한
jealous	['ʤeləs]	질투 나는, 시기하는
jewel	['ʤuː əl]	보석
jogging	[ʤɑː gɪŋ]	조깅, 달리기
nature	['neɪʧə(r)]	자연, 천성

※ 발음기호 [ʤ]의 d, ʒ를 분리된 별개의 문자로 [dʒ]와 같이 표기한 사전도 있다.

12) 자음 [g, k]

[g, k]는 혀뿌리 부분을 입천장(연구개)에 닿도록 뒤로 들어서 공기 흐름을 막은 후 터트리며 내는 소리이다.

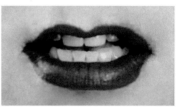

조음 방법

유성음 [g]와 무성음 [k]는 입 모양이 같은 소리이다. [k]는 무성음이므로 성대 울림이 없어야 한다. [g]는 유성음이므로 터트리기 전에 성대를 울린 호흡이 혀를 밀면서 빠져 나오도록 발음한다. 입천장을 막을 때는 혀 양옆을 어금니에 닿게 해서 지지하면 발음이 쉽다.

소리 시간 유지

턱 위치는 1레벨에서 발음하고 모음의 입 모양을 미리 만들지 않도록 한다.

단어 연습

단어	발음기호	뜻
goose	[guːs]	거위
camera	[ˈkæmərə]	카메라
caramel	[ˈkærəmel]	캐러멜
cargo	[ˈkɑːrgoʊ]	(항공)화물
Chicago	[ʃiˈkɑːgoʊ]	시카고
coward	[ˈkaʊərd]	겁쟁이
cowboy	[ˈkaʊbɔɪ]	카우보이
equipment	[ɪˈkwɪpmənt]	장비, 설비
garage	[gəˈrɑːʒ]	차고
quantum	[ˈkwɑːntəm]	양자
question	[ˈkwestʃən]	질문, 문제
quick	[kwɪk]	빠른
quit	[kwɪt]	그만두다
request	[rɪˈkwest]	요구(하다)
technique	[tekˈniːk]	기술

※ c로 시작하는 단어는 대부분 c가 포함된 음절에 강세가 있다. q에서 나는 소리는 qu 형태로 뒤 모음과 어우러져서 [kwɪ]나 [kwo], [kwe] 형태로 발음된다.

※ 혀뿌리 부분으로 입천장을 눌렀다가 빨리 떼고 나서 소리가 일정 시간 유지되도록 한다.
cool[kuː l] cloud[klaʊd] car[kɑː (r)]

※ 무성음 [k]의 경우 혀뿌리 부분으로 입천장을 꾹 눌러 막았다가 터트리지 않고 다음 소리로 넘어간다. 전체 호흡을 막는 시간이 [k]의 발성 시간이 된다.([k] 뒤에 p, b, t, d 등 터트리는 소리들이 오는 경우 [k]를 터트리지 않거나 약하게 터트린 후 다음 소리로 진행한다.
project[ˈprɑːdʒekt] sector[ˈsektə(r)])

TIP!! k 뒤에 n이 붙으면 k는 묵음이 되어 소리 나지 않는다.

knife	[naɪf]	칼
knuckle	[ˈnʌkl]	(손가락)관절
knight	[naɪt]	기사
knee	[niː]	무릎
knock	[nɑːk]	두드리다

13) 자음 [h]

[h]는 호흡만 내뱉으며 내는 무성음이다.

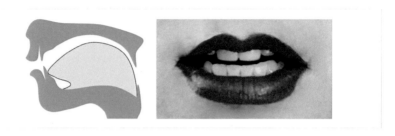

조음 방법

혀 뒷부분을 입천장 뒷부분에 가까이해서 틈을 만들고 그 틈을 통해 공기를 내뱉으며 나는 소리이다. 성대를 울리지 않는 무성음이다.

소리 시간 유지

무성음이므로 성대를 울리지 않고 호흡만 내쉬어 [h] 소리를 충분히 길게 낸 후 다른 소리로 진행하도록 한다. 1레벨에서 [h]의 입 모양으로 소리 낸 후 뒷모음 입 모양으로 진행한다.

단어 연습

단어	발음기호	뜻
home	[hoʊm]	(가족의) 집, 고향
honey	['hʌni]	벌꿀, 자기
hook	[hʊk]	고리
ahead	[ə'hed]	앞에, 앞으로
apprehend	[æprɪ'hend]	이해하다, 염려하다
behave	[bɪ'heɪv]	행동하다
behavior	[bihéivjər]	습성, 행동
behind	[bɪhaɪnd]	뒤에
harmony	['hɑːrməni]	조화
heat	[hiːt]	열기, 가열하다
horizontal	['hɔːrə'zɑːntl]	수평의
hot	[hɑːt]	더운
household	['haʊshoʊld]	가족, 가사의
human	['hjuːmən]	인간
humanity	[hjuː'mænəti]	인류, 인간성
humorous	['hjuːmərəs]	유머가 있는
perhaps	[pərhæps]	아마, 어쩌면

14) 자음 [ŋ]

[ŋ]는 혀 뒷부분을 입천장에 붙여서 입으로 나가는 호흡을 막고 연구개를 열어 비강으로 소리를 내보내다가 혀 뒷부분을 떼면서 끝나는 소리이고 유성음이다.

조음 방법

혀 뒷부분으로 입천장을 막아서 연구개 틈을 통해 코로 숨을 내쉬며 나는 소리이다. 성대의 울림이 코를 통해 빠져나가게 된다.

소리 시간 유지

여유 있게 소리를 끌어주면 좋다. 특히 모음과 ng가 같이 붙어 소리 나는 경우 좀 더 길게 발음하는 경향이 있다.

단어 연습

단어	발음기호	뜻
english	[ˈɪŋglɪʃ]	영어
song	[sɔːŋ]	노래
amazing	[əˈmeɪzɪŋ]	놀랄 만한
anxiety	[æŋˈzaɪəti]	걱정, 열망
belonging	[bɪˈlɔːŋɪŋ]	소유물, 소속
blanket	[ˈblæŋkɪt]	담요
ceiling	[ˈsiːlɪŋ]	천장
chunking	[ʧʌŋkɪŋ]	의미로 묶음 짓기
conjunction	[kənˈdʒʌŋkʃn]	연대, 공동
distinct	[dɪˈstɪŋkt]	다른, 뚜렷한
function	[ˈfʌŋkʃn]	기능, 함수
language	[ˈlæŋgwɪʤ]	언어
length	[leŋθ]	길이
spring	[sprɪŋ]	봄
string	[strɪŋ]	줄
think	[θɪŋk]	생각하다
triangle	[ˈtraɪæŋgl]	삼각형
trunk	[trʌŋk]	나무그루터기
wrinkle	[ˈrɪŋkl]	주름

※ longer, hanger, younger, stronger, stinger와 같이 er이 붙어서 역할이 바뀌는 경우 발음이 어떻게 될지 생각해 보자. 어떻게 될까? longer, younger, stronger는 [ŋ] 뒤에 [g] 발음이 한 번 더 들어가서 '_ŋgər'이고 hanger, stinger는 '_ŋər'로 발음되는 게 맞다.

※ [ŋ]로 끝나는 형용사 뒤에 '_er'이나 '_est'가 붙어 비교급, 최상급으로 바뀌면 발음이 '_ŋger', '_ŋgist'로 [g]가 한 번 더 들어간다.
long → longer[lɔːŋgər] → longest[lɔːŋgist]
young → younger[jʌŋgər] → youngest[jʌŋgist]
strong → stronger[strɔːŋgər] → strongest[strɔːŋgist]

※ [ŋ]로 끝나는 동사 뒤에 '_er'이 붙으면 발음이 '_ŋer'로 [g]가 추가되지 않는다.
sing 노래하다 → singer 가수
hang 걸다, 매달다 → hanger 옷걸이
bring 가져오다 → bringer 가져오는 사람
sting 찌르다 → stinger 가시 돋친 말, 찌르는 사람, 미사일 종류
ring 종 치다, 반지, 종 → bell-ringer 종 치는 사람
wing 날개, 날아가다 → left-winger 좌파, 좌익수

15) 자음 [w]

[w]는 [u]의 입 모양에서 혀 앞부분을 한 번 더 눌렀다 떼면서 진동을 울려주는 소리이다. [u] 발음과 같은 입 모양에서 소리가 시작하고 소리 통로와 입폭을 살짝 넓혀주면서 소리가 끝나도록 발음한다. 우리말 '우으'를 아주 빠르게 발음하는 것과 비슷한 소리이다.

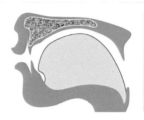 

조음 방법

[u]의 입 모양(입폭은 좁게 턱은 1레벨)에서 혀로 입천장을 눌렀다 떼는 느낌으로 움직이고 입술도 살짝 오므렸다 펴면서 진동을 더한 [u]처럼 발음하면 된다. 마치 오토바이 소리같이 입 앞쪽이 울리도록 짧게 '우으' 하고 소리 낸다. 입폭이 살짝 좁혀졌다가 넓어지는 입술 모양 변화가 중요하다. 뒤에 오는 모음과 합쳐져서 '위', '웨' 등으로 소리 나는 것이 아니라 그냥 별도의 자음으로 생각하면서 [w] 소리를 낸 후 다음 모음으로 이어지도록 발음하면 된다.

소리 시간 유지

[w]의 발성 시간을 충분히 소리 낸 후 다음 소리 입 모양으로 넘어가도록 한다. 한국어의 이중모음 습관 때문에 소리가 잘못 발음되는 경우가 많다. 별개의 소리로 인식하고 발음해 주는 것이 중요하다.

단어 연습

단어	발음기호	뜻
week	[wiː k]	주
where	[wer]	어디에
between	[bɪt'wiː n]	사이에
equipment	[ɪ'kwɪpmənt]	장비, 설비
forward	['fɔː rwərd]	앞으로
inquire	[inkwáiər]	문의하다
quiet	[kwaɪət]	조용한
quite	[kwaɪt]	꽤, 상당히
square	[skwer]	정사각형의, 광장
sweep	[swiː p]	쓸다
water	[wɑː tr]	물
weather	[weðər]	날씨, 기상
wedding	[wedɪŋ]	결혼
which	[wɪʧ]	어느 것
will	[wɪl]	~일 것이다
wood	[wʊd]	나무
wound	[wuː nd]	상처, 상처 주다

※ wound를 발음할 때는 입폭을 좁게 만들었다가 살짝 넓히면서 [w]를 소리 낸 후 입폭을 다시 오므리며 [uː]로 이어지도록 발음한다. 별개의 소리이므로 [w]와 [uː]를 구분해서 발음하도록 한다. 제대로 발음하면 마치 '워우은ㄷ'처럼 들린다.

wood를 발음할 때는 입폭을 좁게 만들었다가 살짝 넓히면서 [w]를 소리 낸 후 입폭을 조금 넓히고 턱을 좀 더 내려서 [ʊ]로 이어지도록 발음한다. [ʊ]는 발음 습관에 따라 입폭이 많이 차이가 난다. 입폭을 좁혀 [ʊ]를 발음하는 원어민은 입폭을 좁혔다가 넓히며 [w]를 소리 내고 다시 좁히면서 [ʊ]를 소리내기 때문에 '우워우ㄷ'처럼 들린다. 반면 입폭을 많이 넓힌 채 [ʊ]를 발음하는 원어민의 소리는 '우워~ㄷ'처럼 들리기도 한다.

where, what의 경우에도 마찬가지이다. [w]를 따로 발음하고 [e], [ɑ]로 진행하도록 발음한다.

16) 자음 [j]

[j]는 [i] 입 모양에서 혀 앞부분을 한 번 더 눌렀다 떼면서 진동을 울려주는 소리이다. [i] 발음과 같은 입 모양에서 소리를 시작하여 소리 통로는 넓히고 입폭은 살짝 좁혀주면서 소리가 끝나도록 발음한다. 짧게 발음하는 '이으'와 비슷한 소리이다. 그냥 [i]에 진동을 더한 소리라고 이해해도 좋다.

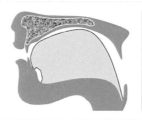 

조음 방법

[i]의 입 모양(입폭을 넓게 턱은 1레벨)에서 혀로 입천장을 눌렀다 떼는 느낌으로 움직이고 입폭을 넓게 벌렸다가 원위치하면서 진동을 더한 [i]를 발음하면 된다. 마치 모터 소리같이 입 앞쪽이 '이으' 하고 울리도록 짧게 소리 낸다. 모음과 합쳐져서 '여', '예' 등으로 소리 나는 것이 아니라 그냥 별도의 자음으로 생각하면서 [j] 소리를 낸 후 다음 모음으로 이어지도록 발음하면 된다. 단어 연습에서 yield 단어의 발음을 잘 들어보면 [ji:]를 발음할 때 혀를 [j]에서 한 번 [i:]에서 한 번 이렇게 두 번 눌러 발음하는 것을 알 수 있다.

소리 시간 유지

[j]의 발성 시간 동안 충분히 소리 낸 후 다음 소리 입 모양으로 넘어가도록 한다. 한국어의 이중모음 습관 때문에 소리가 잘못 발음되는 경우가 많다. 별개의 소리로 인식하고 발음해 주는 것이 중요하다.

단어 연습

단어	발음기호	뜻
yard	[jɑː rd]	마당, 뜰
yawn	[jɔː n]	하품하다
year	[jɪr]	연
yes	[jes]	네
yesterday	['jestərdeɪ]	어제
yield	[jiː ld]	굴복하다, 양보하다
youth	[juː θ]	젊음
beauty	['bjuː ti]	아름다움, 미인
excuse	[ɪkˈskjuː s]	용서하다, 변명하다
failure	['feɪljə(r)]	실패
lawyer	['lɔː jər]	변호사
museum	[mjuziːəm]	박물관
NewYork	[njʊˈjɔː rk]	뉴욕
opinion	[əˈpɪnjən]	의견, 견해
popular	['pɑː pjələ(r)]	인기 있는, 대중적인
secure	[səˈkjʊr]	안전한
unification	[juːnəfiˈkeiʃən]	통일
union	['juːniən]	연합

※ [je]를 우리말 '예'로 [ja]를 '야'로 [ju]를 '유'로 발음하지 말고 '이에', '이아', '이우' 느낌이 되도록 [j]를 따로 발음한다. year의 [jɪ]의 경우 입폭을 넓게 한 상태에서 [j]를 발음하고 [ɪ]는 입폭을 조금 줄이고 턱을 좀 더 내려서 발음한다. 별개의 소리이므로 [j]와 [ɪ]를 명확하게 구분하도록 한다.

[θ]는 혀가 앞니에서 떨어지는 소리가 나는 것이 중요하다. [f]는 아랫입술을 윗니에 붙여 소리 내는 발음이다. 혀끝은 앞니로부터 멀리 두고 발음하는 것이 좋다. [s]는 부드럽게 시작하고 부드럽게 다음 소리로 이어가는 것이 중요하다.

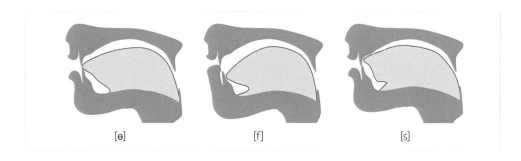

[θ]　　　　　　　[f]　　　　　　　[s]

발음 방법

[θ]는 혀가 떨어질 때의 특유의 혀 움직임이 있다. [θ] 뒤에는 모음으로 연결되는 경우가 많으므로 혀를 안으로 또는 아래로 내리며 소리가 끝나도록 한다. 앞니에서 혀가 떨어지는 소리가 명확하게 나도록 하고 동시에 뒤에 오는 소리의 성대 울림이 같이 시작되도록 발음한다.

[f]를 발음할 때는 [θ]와 비슷한 혀 움직임이 생기지 않도록 혀를 위쪽 앞니에서 멀리 떼고 발음하고 다음 모음으로 이어지도록 발음해야 한다. 혀의 움직임으로 인해 [θ]로 오해받지 않도록 주의해서 발음해야 한다.

[s]는 혀와 치아 사이에서 휘도는 소리가 제대로 나야 한다. 그리고 뒷모음의 소리로 부드럽게 이어지도록 발음하면 구분하기 좋다. [s]는 치아를 다물고 발음하기 때문에 혀를 치경에서 너무 가까이 붙이지 않아도 된다.

단어 연습

단어	발음기호	뜻
three	[θriː]	셋
free	[friː]	자유로운
think	[ˈθɪŋk]	생각하다, 사고하다
sink	[ˈsɪŋk]	가라앉다, 침몰시키다
thing	[θɪŋ]	사물
sing a song	[sɪŋ ə sɔː ŋ]	노래하다
thick	[θɪk]	두꺼운, 두터운
sick	[sɪk]	아픈
thin	[θɪn]	얇은, 가는
scene	[siː n]	장면

자음 소리 위치를 그룹으로 연결해서 기억하도록 하자.

1) b p m 그룹

아래위 입술을 마주 다물고 발음하는 소리 그룹이다.

2) f v θ ð 그룹

모두 앞니와 관계있는 소리 그룹이다. f, v는 아래 입술과 위쪽 앞니 사이에서 소리 나고 θ, ð는 혀끝을 앞니 사이에 갖다 댄 상태에서 소리 나는 그룹이다.

3) t d n l r 그룹

혀끝을 치경 근처에 두고 소리 내는 그룹이다.

4) s z ʃ ʒ ʧ ʤ 그룹

혀 앞부분을 치경 근처에 두고 소리 내는 그룹이다. 이 소리는 아래, 윗니를 맞닿게 해서 치아 사이로 소리가 빠져 나가도록 한다. (0레벨)

5) k g h ŋ 그룹

호흡을 막거나 터트리는 동작이 혀 뒷부분에서 이루어지는 소리 그룹이다.

6) w j 그룹

모음 [uː]와 [iː]의 입 모양으로 소리 내는 그룹이다. 모음 [u]와 [i]의 소리를 내면서 혀 앞부분 나팔점에서 한 번 더 진동을 울려주는 소리이다.

Part 4

좋은 목소리 만들기

음악이 울려나오는 휴대전화를 통속에 넣어 본 적 있는가? 휴대전화를 통속에 비스 듬하게 세워 넣어두면 소리가 더 커지는 것을 알 수 있다. 360도 방향으로 소리가 분산 되다가 한 방향으로 모여서 전달되기 때문이다. 마치 스피커 여러 개가 제각각 방향으 로 있다가 한 방향으로 모이는 것과 같다. 각각의 위치에서 반사된 음파가 겹쳐지면 파 형이 맞는 위치(파형의 마루와 마루)에서는 중첩되어 공기 밀도가 주변보다 훨씬 높아진 다. 그래서 진폭이 더 커지고 소리전달이 잘 되는 것이다.

폐를 눌러주는 압력으로 밀려 나오는 호흡이 성대를 진동시키고 발생한 진동이 기도 와 입안을 거쳐 밖으로 나오게 된다. 입안 서로 다른 위치에서 반사된 소리가 파장의 마루 부분이 잘 합쳐지도록 조절하면 진동이 증폭되어 밖으로 전달된다. 입안 목구멍 의 크기나 기도의 눌린 정도에 따라 답답한 소리로 변하기도 하고 맑고 크게 변하기도 한다. 소리 진행 방향의 입, 코의 모양과 성대에서 발생한 소리의 진동 특성이 맞으면 공 명을 하면서 맑고 청아한 소리가 난다. 그러나 방향이나 진동수가 맞지 않는 경우 진동 의 영향을 받는 입안의 피부나 입술 등에 심한 떨림이 생기기도 한다. 소리는 흡수되어 버리고 웅얼웅얼하는 답답한 목소리가 된다. 그리고 성대 모양, 발성 위치 등 여러 가지 차이에 의해 목소리가 달라진다.

목소리의 파장과 진동수

소리는 공기의 진동이다. 소리는 진동 방향과 파동 진행 방향이 같은 종파이기 때문에 보통 파동에 따른 공기의 밀도 변화를 곡선 파형으로 바꿔서 표시한다. 세로축은 공기 밀도, 가로축은 시간을 나타내며 그 일반적인 사람의 목소리 그래프는 아래 그림과 같은 모양이 된다. 진폭이 클수록 압축되는 공기의 밀도가 높아지고 소리는 크게 들린다. 파장이 짧아지면 단위 시간당 진동수가 커진다는 의미이므로 높은 음이 되고 반대로 낮은 음은 단위 시간당 진동수가 작아진다. 진동수는 보통 초당 진동수 헤르츠(hertz[hɜː rts])로 나타낸다. 위 그래프가 1초 정도 길이에 해당하고 소리는 1초에 340m를 진행하므로 실제 사람 목소리의 음파는 아주 긴 파장을 갖는다. 위 그래프를 340m 길이가 되도록 잡아 늘였다고 생각해 보면 파장이 얼마나 되는지 가늠해 볼 수 있다. 일반적인 남자의 음성 주파수가 100~150Hz로 파장은 3.40~2.26m 정도이고 여자는 200~250Hz 범위이고 파장은 1.70~1.36m 정도이다. 즉, 성대가 한 번 붙었다 떨어지며 하나의 진동펄스를 방출하면 맞은편 대화 상대의 귀에 도착한 후 다음 떨림이 시작된다는 의미가 된다. 파장은 목소리가 반사되고 중첩되며 증폭되는 원리를 이해할 때 매우 중요한 요소이다.

사람의 목소리는 아주 훌륭한 악기라고 이야기한다. 바로 연구개(목젖 근처)와 혀 사이에 만들어지는 나팔 구조가 있기 때문이다.

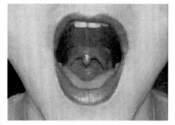

목젖이 보이도록 입을 벌린 모습

거울을 앞에 두고 밝은 빛을 향해 입 안쪽 깊은 곳까지 보이도록 입을 벌린 다음 목젖을 확인해보자. 목젖은 연구개 끝부분에 해당한다. 사진에서 보는 것처럼 목젖이 보일 것이다.

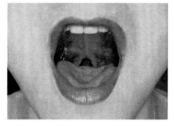

목젖 좌우 힘줄을 당긴 모습

목젖 좌우로 둥근 원호 모양의 힘줄이 보이는데 당겼다가 놓았다가 할 수 있다. 힘줄을 당기면 목젖 아래 구멍이 작아지고 막힌 듯 울리는 '앵앵' 하는 느낌의 소리가 난다. 힘을 빼고 연구개 뒤쪽을 열어주면 구멍은 넓어지고 맑게 울리는 소리가 된다.

모음을 발음할 때 이 목구멍을 중심으로 연구개와 혀가 일종의 나팔 역할을 한다. 성대에서 울린 공기의 진동은 목구멍을 거쳐 입을 통해 밖으로 전달되는데 이 목구멍 앞 나팔에 의해 소리가 앞쪽 방향으로 모이게 되고 소리가 커진다.

1) 한국어 모음과 영어 모음의 소리 울림 차이

한국어 모음은 혀 양옆 끝이 볼에 닿도록 혀 앞부분을 평평하게 만들어 발음하는 경향이 있다. 좌우 측면을 혀로 막아서 소리 울림이 작은 편이다. 영어는 어금니까지만 펼쳐서 혀 양옆에 공간을 만들고 소리가 많이 울리도록 발음하는 경향이 있다. 이 차이가 목소리의 차이를 만드는 또 하나의 요인이 된다.

2) 모음을 발음할 때 혀를 아래로 내려 목구멍 앞을 열어야 한다

| 한국어 '아' 입 모양 | 영어 모음 [ɑ] 입 모양 |

한국어 모음은 영어와 소리를 만드는 방식은 비슷하다. 그런데 혀 가운데 부분을 입천장에 붙여 좁은 통로를 만들어 발음하기 때문에 마치 메가폰의 앞에 손나팔을 한 모양새가 된다. 우리가 영어를 하면 입을 벌리지 않고 발음하는 것 같다는 말을 듣게 되는 이유가 여기에 있다.

영어 모음 중 2, 3, 4레벨의 소리들은 혀를 내려서 경구개에 붙이지 않고 발음한다. 특히 3, 4레벨 소리들은 연구개 뒤쪽 공간이 울리며 공명하도록 발음한다. 턱을 벌려서 소리 내기 때문에 구강 울림도 더 큰 편이다. 당연히 소리 울림이 차이 난다. 영어 모음은 입 안쪽에서부터 열린 상태로 소리 난다. 바꿔서 말하면 목구멍 앞을 열어두고 소리 내는 발음이 많다. 크고 좋은 나팔이 형성되는 것이다. 혀 뒷부분을 아래로 내리고 열어준다는 느낌으로 목구멍 앞 공간을 확보해 주고 발음하도록 하자. 목구멍 앞 공간이 열리면 맑고 울림이 큰 목소리가 된다. 특히 4레벨의 [a]나 [ɑː]를 발성할 때는 목구멍 앞이 둥근 나팔모양이 되도록 만들고 발음해야 한다.

배에 힘을 줘서 압력을 높여라

1) 배 근육이 가슴 근육보다 힘이 좋다

성악이나 발성을 가르치는 사람들이 맨 처음에 하는 말이 있다. 바로 '복식호흡을 하라'이다. 가슴 근육으로는 안정적이고 힘 있는 호흡을 내뱉을 수 없기 때문에 배를 누르며 움직여 호흡하라는 말이다. 배 근육에 힘을 줘서 횡격막을 강하게 받쳐주면 호흡의 압력을 높일 수 있다. 배 근육이 운동 범위가 크고 신축성이 더 좋기 때문에 길고 안정적으로 호흡할 수 있다.

2) 내뱉는 공기의 압력이 높아지면 소리가 커진다

배에 힘을 줘서 압력을 높이면 음파의 가장 높은 마루 부분의 공기 밀도가 높아진다. 이것은 진폭이 커진다는 의미이고 진폭은 소리의 크기를 의미하므로 크고 전달력이 좋은 목소리가 된다. 높은 공기 밀도의 음파는 주변 소음의 방해를 뚫고 멀리까지 도달할 수 있다. 당연히 듣는 이의 귓속 고막을 더 크게 흔들어 주게 되어 강한 신호가 전달된다. 공기 밀도를 높이고 성대에 힘을 주면 성대 표면 이상이 조금 있더라도 맑고 고른 목소리를 낼 수 있다.

자신의 목소리가 작고 약하다면 복근에 힘을 줘서 말하는 습관을 가져보자.

부드러운 목소리보다 분명한 발음으로 하자

한국의 지하철이나 공항에서 안내방송을 들어보면 잔잔하고 부드러운 목소리로 방송되는 경우가 많다. 마치 시낭송을 하는듯한 목소리이다. 주변의 소음과 합쳐지고 뭉개지면서 한국어로 하는 안내방송조차 알아듣기 어려운 경우가 많다. 특히 울림이 많은 넓은 공간에서는 거의 들리지 않는다. 분명하지 않은 목소리의 안내방송에 짜증 내는 외국인을 본 적이 있다. 미국의 안내방송은 카랑카랑한 목소리로 하는 경우가 많다. 좀 딱딱하다 싶을 정도이지만 확실히 잘 들린다. 한국어에 익숙한 우리는 영어를 말할 때 조금 딱딱한 발성이 될 수밖에 없다. 원어민의 발성을 똑같이 하기 위해 억지로 소리를 끌면서 부드럽게 굴리지 말자. 딱딱한 발성이 오히려 상대방에게 잘 들리는 좋은 발음이 될 수 있다.

TIP!!

한국인이 하는 영어 방송

원어민들의 영어 발음이 굴러가는 느낌이 많이 나는 이유는 혀를 천천히 움직여서이다. 자음과 자음, 자음과 모음 사이를 천천히 이동하며 소리가 천천히 계속 바뀌도록 발음하기 때문이다. 소리와 소리 사이를 빠르게 움직여 소리 내고 다음 소리 위치로 빨리 움직여서 발음하면 조금 딱딱하지만, 똑부러지고 분명한 목소리가 된다.

한국인이 하는 영어 방송을 들어보면 딱딱한 발음이 잘 들리는 것을 바로 확인할 수 있다. TBS eFM 영어 채널 중 <Real Mom Real Talk>라는 프로그램을 가끔 듣는데 진행자가 한국인이고 게스트도 거의 한국인들이다. 원어민처럼 막 굴리거나 어물쩍 넘어가지 않고 모든 소리를 정확하게 발음한다. 때론 아주 빠른 발음으로 말하는데도 신기하게 문장이 다 들린다. 팟캐스트 '팟빵'이나 '팟티'에 올라와 있으니 한번 다운 받아서 들어보기 바란다.

　스포츠채널에서 중계하는 WWE 프로레슬링 TV프로그램을 본 적이 있는가? 경기를 시작하기 전에 선수들이 링 위에서 마이크를 들고 상대방을 반드시 이기겠다는 열망을 담아서 사자후를 토해내는데. 마치 상대방을 잡아먹을 듯이 단어 하나하나를 아주 천천히 또박또박 말한다. 말 한마디 한마디마다 경기장 내의 모든 이들이 환호하며 반응한다. 유튜브에 'wwe championship speech'를 검색하면 관련 영상이 많이 있다. 한번 보기 바란다. 자음과 모음을 분리해서 천천히 정확한 발음으로 말하기 때문에 웬만하면 알아들을 수 있을 것이다. 똑같이 흉내 내보자.

　음절(syllable) 단위로 자르지 말고 자음이면 자음, 모음이면 모음의 음소 단위로 동일한 발성 시간을 부여하여 발음하도록 한다. 자음은 자음대로의 입 모양 그대로 정확하게 소리를 낸 후 뒤따라오는 모음으로 진행하도록 해서 자음의 소리 시간이 확보되도록 해야 한다. 억양도 충분히 고려하고 다음 문장도 생각하면서 여유 있게 말하는 연습을 해보자.

우리는 한국어를 할 때 구강의 측면을 모두 혀로 막고 발음하는 경향이 있다. 대부분 혀를 어금니에 밀착시켜서 발음하기 때문에 어금니 안쪽에도 공간이 만들어지지 않고, 양 볼을 치아에 붙여 발음하기 때문에 어금니 바깥쪽에도 공간이 거의 만들어지지 않는다. 전체적으로 울림이 적고 좀 딱딱하고 경직된 발음을 하게 되는데 이런 한국어 습관이 영어를 할 때 그대로 나타나게 된다. 원어민과 똑같은 울림을 만들려면 혀 양옆 측면에 공간을 만들어야 한다. 혀 양옆 측면에 공간을 크게 만들고 그 울림을 잘 활용해야 한다.

- Rounded Vowel은 혀와 치아 사이에 공간을 만들어 울림을 크게 만든다.
  혀 앞부분을 동그랗게 만들어서 혀 앞쪽과 양옆에 공간을 확보하고 소리 울림을 키워 발음한다.

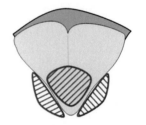

- Unrounded Vowel은 입폭을 넓게 벌려서 어금니 바깥쪽에도 공간을 만들어 발음한다. 소리 울림이 더해지면서 느낌이 다른 소리가 된다. 소리가 답답하거나 딱딱해지지 않는다.

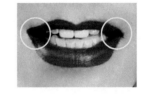

- 특히, 3, 4레벨의 소리들은 혀를 가운데를 높게 하고 혀 양쪽 측면은 낮게 만들고 발음한다. 입안에서 소리가 두 갈래로 흐르게 되는데 특유의 원어민 소리 울림과 비슷해진다.

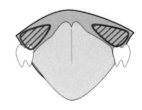

좋은 목소리란 상대방에게 잘 전달되는 목소리이다.

영어는 외국어이다. 의미가 잘 전달될 수 있도록 천천히 말하는 습관을 가지자.

영화에 나오는 배우들의 발음은 아주 좋은 편이다. 자음이 정확하게 구분되고 발성도 좋다. 대사 전달력이 좋지 않으면 영화 출연 자체가 불가능할 테니 당연한 일일 것이다. 영화 속 대사 중 멋있는 대사를 따라하며 좋은 목소리로 가다듬어 보자.

혀 뒷부분을 내려서 목구멍 안쪽을 열고 발음해야 한다.

영어 모음 중 3, 4레벨 소리들은 연구개 뒤쪽 공간에서 크게 공명이 일어나도록 발성한다. 혀 뒷부분을 내려 맑게 울리도록 소리내보자.

카랑카랑한 목소리가 잘 전달된다.

소리를 끌거나 굴리는 원어민 목소리보다 조금 딱딱한 발음이 더 잘 전달되는 좋은 목소리이다. 굳이 원어민의 굴러가는 목소리를 흉내 낼 필요가 없다. 어설프게 굴리는 발음은 오히려 역효과가 날 수 있다. 한국식 발음이 조금 딱딱한 느낌이 들 수도 있지만, 앞에서 배운 모음, 자음의 발음 원칙만 지킨다면 아주 훌륭한 목소리가 될 수 있을 것이다.

Part 5

문장 연습

문장 발음의 주의할 점

1) 문장을 물 흐르듯이 이어서 말하라

한국인이 영어를 말하면 '천식 걸린 사람이 말하는 것 같다'고 누군가가 이야기한 것이 기억난다. 목소리도 답답하지만, 단어마다 툭툭 끊어지도록 발음해서 더 그렇다고 한다. 하루빨리 없애야 할 매우 안 좋은 습관이다. 영어는 호흡을 잠시 끊어주는 방법으로 특정 소리의 음가를 대신하는 경우가 많다. h, k, t, p 같은 무성음이 그렇다. 의도적으로 끊어서 발음하는 무성음이 있기 때문에 영어를 말할 때 단어마다 혹은 문구마다 호흡을 끊으면 안 된다. 전혀 다른 뜻으로 오해받는 경우도 있다. 특히 원어민들은 이를 매우 혼란스럽고 답답하게 느낀다. 휴대전화 음성인식기에서도 엉뚱한 말로 해석되는 경우가 많다. 자신의 목소리를 녹음이나 동영상으로 확인해 보길 바란다. 문장을 구분하기 위해 의도적으로 끊는 경우가 아니라면 **전체 문장이 물 흐르듯이 자연스럽게 이어서 소리 나야 한다.** '물 흐르듯이'가 되지 않는다면 말하는 속도를 더 천천히 해야 한다.

TIP!!

A: Is there anyone who can do first aid?

B: I can do it.

"응급처치 할 수 있는 분 있어요?"라고 누군가 묻는다면 아주 자신 있게 "I can do it"이라고 이야기하고 싶다. 그런데 can 뒤에 잠깐의 멈춤이라도 있으면 can't로 오해받는다. 반대의 뜻이 되어 버린다.

"I can"으로 짧게 답할 때도 마찬가지이다. [n] 발음을 갑자기 끊으면 "I can't"가 된다. can 끝에 소리를 부드럽게 흘려줘야 한다. 긍정의 경우 보통 can은 약하게 발음된다. 보통 [kən]으로 발음한다. I can't. 부정의 경우 보통 can't가 강하게 [kæn]으로 발음한다.

아래 두 문장의 경우에도 [t] 발음은 호흡을 짧게 멈춘 후 [m]을 소리 내야 한다.

① Let me in. ② Don't make me mad.

2) 높낮이와 강약을 넣어라

한국어는 단어와 단어 사이에는 연음에 의한 변화가 없다. 단어 사이를 짧은 시간이지만 띄어서 말한다. 단어마다 조사가 붙어 단어의 사용 용도를 알려준다. 그래서 한국어는 억양을 넣지 않고 말해도 뜻이 잘 전달된다. 그러나 영어는 단어와 단어 사이에 연음이 많이 일어난다. 단어 사이에 틈을 거의 주지 않기 때문에 억양의 높낮이 흐름이 없으면 문장을 이해하기 힘들다. 그래서 **영어를 말할 때는 반드시 높낮이나 강약을 넣어서 말해야 한다.** 미국식 억양이 아니더라도 괜찮다. 원칙이나 답이 정해져 있는 게 아니다. 일관성만 있으면 된다. 단어 한두 개를 강조하는 것으로는 부족하다. 주절, 종속절, 명사구, 형용사구, 부사구 단위로 억양의 흐름을 넣어서 말해야 한다. '연습을 실전같이'라는 말이 있다. 문장을 읽는 연습을 할 때도 실제로 말하듯이 억양을 넣고 팔이나 어깨도 움직이며 연습하자.

3) 입폭을 지켜라

한국어는 입폭을 많이 움직이지 않고 말한다. 그러나 영어를 말할 때는 그렇게 하면 안 된다. Rounded Vowel을 발음할 때는 입폭을 확실히 모아서 좁혀주고 Unrounded Vowel은 좌우로 벌려서 소리 내야 한다. 특히 이중모음 [wɪ]는 입폭을 좁혔다가 넓혀야 하고 [jʊ]는 넓혔다가 좁히는 입 모양을 해줘야 된다.

4) 턱 위치를 지켜라

턱을 벌리는 정도는 사람마다 조금씩 다르다. 아주 드물지만 어떤 사람은 아래윗니를 맞댄 채로 턱을 아예 움직이지 않으며 말하기도 하고 어떤 사람은 턱을 많이 움직이며 말하고 어떤 사람은 강조하는 단어만 많이 벌리는 경우도 있다. 어떤 방법으로 말하든

가급적이면 턱의 상대적인 위치는 지켜야 하고 혀가 같이 따라 움직여야 한다. 턱 위치를 잘 지키지 않으면 한국어 느낌이 물씬 풍겨나오게 된다. 특히 자음을 발음할 때 그렇다. 대부분의 영어 자음은 턱을 다물고 발음해야 한다. 처음엔 턱 위치를 지키며 발음하는 것이 어렵겠지만 곧 익숙해진다. 뒤에 나오는 '단문 연습' 발음기호 아래에 턱 위치 레벨을 의미하는 숫자를 표시했다.

영어는 무조건 입을 세로로 많이 벌리라고 하시는 분들이 많다. 우리는 많이 벌리지 않고도 정확하게 발음하는 방법을 앞에서 다뤘다. Jacky 모음 차트의 입 모양을 생각하면서 각각의 소리가 확실히 차이 나도록 명확하게 구분되는 소리로 발음하도록 한다. 강조하지 않는 경우에는 혀 뒷부분만 움직여서 발음해도 된다. 강조하는 문장이나 단어에서는 턱의 위치 레벨에 맞게 크게 벌리고 강하게 발음하면 된다.

5) 자음 시간을 확보하라

앞에서도 강조했지만, 자음의 발성 시간이 충분히 확보되도록 연습해야 한다. 발성 시간 확보가 잘 안 되는 소리의 경우에는 자음을 모음과 분리해서 연습해볼 것을 추천한다. 자음을 발음할 때 뒤에 오는 모음 입 모양을 미리 만들지 않는 것이 좋다. 특히 턱 위치가 중요하다. 자음의 턱 위치에서 소리를 끝내고 뒤에 오는 모음 턱 위치로 이동하도록 한다. 유튜브에서 발음이 좋은 사람과 나쁜 사람의 영상을 찾아서 0.5배속으로 느리게 재생하면서 비교해보면 자음 시간이 잘 유지되는 쪽이 훨씬 더 좋은 발음으로 들릴 것이다.

6) 천천히 여유를 갖고 말하라

느린 속도, 정확한 발음으로 반복해서 읽는 연습을 하면 좋다. 자음 시간이 충분히 확보되는 것이 중요하다. 익숙해질 때까지 반복해서 연습해야 한다. 빠른 속도로 말하는 연습은 하지 않는 것이 좋다. 빨리 말하면서 정확한 발음을 구사하면 영어를 매우 잘하는 사람으로 오해받을 수 있다. 어려운 영어 표현이나 속사포 영어가 돌아올 것이다. 우리는 원어민이 아니다. 명확하게 들리도록 말하는 것이 중요하다. 천천히 여유를 가지고 말하는 습관을 갖자.

7) 천천히 발음하되 자음, 모음이 바뀌는 순간 확실히 변화를 줘라

천천히 여유를 갖고 발음하는 것이 중요하다. 하지만 자음과 모음, 모음과 자음이 연결되며 소리가 바뀌는 순간만큼은 변화가 분명하게 나타나야 한다. 되도록 혀의 움직임을 정확하고 빠르게 하는 것이 좋다. 예를 들면 light, right를 발음할 때 [l]과 [r]에서 [aɪ]로의 전환과정이 중요하다. 혀끝이 치경에서 멀어질 때의 느낌이 잘 나타나야 한다. 치경에 눌러 붙여 [l]을 길게 발음하고 혀를 빠르게 떼면 다른 소리와 분명하게 구분되어 들린다. [r]은 혀를 뒤로 살짝 당겼다가 빠르게 펴서 혀의 움직임이 잘 나타나도록 해야 한다. 천천히 말았다가 펴면 [l] 소리나 [w] 소리와 구분이 어렵다. 빠르게 말다가 펴는 것이 매우 중요하다. 다른 자음들도 마찬가지이다. 소리가 바뀌는 순간이 명확하게 나타나도록 발음해야 한다.

8) 이중모음에 주의하라

영어에서는 Diphthong으로 정의되는 이중모음이 있는데 eɪ, aʊ, aɪ, ɔɪ, ɪə 등이다. 한국어로는 따로 표기되고 따로 발음되기 때문에 발음에 어려움이 없다. Jacky 모음 차트에 표현된 위치대로 부드럽게 연결하면서 발음하면 된다. 그런데 한국어에서 이중모음으로 분류되는 야, 유, 여, 워, 웨, 예와 같은 소리들이 영어 단어 내에 포함될 때 문제가 된다. 한 글자로 표기되고 한 번에 발음하려 하던 한국어 습관 때문이다. 영어에서는 이 소리들이 ya_, yu_, ye_, wa_, we_, wi_같은 형태로 사용되는데 한국어 발음하듯이 발음하면 그 리듬이나 느낌이 아주 달라진다. 앞에 y, w 소리가 자음이기 때문에 당연히 별개의 소리로 따로 발음되어야 하기 때문이다. 한국 사람들이 영어 발음을 할 때 가장 영어 같지 않은 소리가 이런 이중모음들이다. 주의해서 발음하도록 하자.

단문 연습

　사용 빈도가 높은 생활 영어 표현, 영어 속담을 가지고 단문 연습을 해보자. 일상적으로 자주 사용되는 표현이나 속담은 정확한 발음으로 빠르게 내뱉을 수 있어야 어색하지 않다.

　각각의 영어 문장 아래에 발음기호와 턱 위치를 나타내는 숫자를 표시했다. 1.5레벨을 표현하기 위해 레벨에 2를 곱한 숫자로 표시했다. 한국식으로 발음할 때와 영어를 발음할 때 턱의 움직임이 조금 차이가 있다. 발음의 기준을 정립해야 하므로 가급적 턱 위치를 고려하며 연습하자. 표시된 턱 위치는 상대적인 것으로 턱 위치를 기계적으로 딱 맞추라는 의미는 아니다. 턱이 움직이는 방향이 중요하다. 그리고 자음에도 턱 위치를 표시했다. 자음을 분리해서 발음하는 습관을 만들어주기 위한 하나의 장치일 뿐이다. 턱 위치 움직임이 어느 정도 익숙해지고 나면 자음의 턱 위치는 크게 신경 쓰지 않고 발음해도 된다. 중요한 단어나 강세를 받는 모음의 턱 위치만 주의하면 된다.

여러분, 좋은 아침입니다. 안녕하세요?

회의나 모임 등에서 여러 사람 앞에서 이야기를 시작할 때 많이 쓰이는 인사말이다.

Hi, everyone? Good morning. How are you?

haɪ 'evriwʌn gʊd 'mɔːrnɪŋ haʊ ɑːr jʊ
2 8 3   4 3 4 2 2 6 3   2 3 3   2 6 4 2 3 3   2 8 3   8 4   2 3

everyone['evriwʌn] (대명) 모두, 여러분
morning['mɔːrnɪŋ] (명) 아침

발음 설명

Hi [h]는 무성음이다. 성대를 울리지 않아야 한다. 무성음에서 유성음 모음 [a]로 바꾸는 순간을 느낄 수 있어야 한다. 턱을 벌리는 중간에 성대 울림이 시작하도록 연습한다.

everyone y는 [i]로 소리 난다. 입폭을 좁히고 [r]을 발음하고 [i]는 입폭을 넓게 만들어 발음한다. [wʌn]는 1레벨에서 [w]를 먼저 입폭을 모았다가 벌려주며 발음하는데 우리말 '우으'와 비슷하지만 아주 빠르게 입폭을 모았다가 펴며 발음해야 한다. 이어 [ʌ]를 발음하면 된다. [w]와 [ʌ]가 따로 소리 나야 한다. 우리말 '워'와는 다른 소리이다.

good 스펠링이 oo이지만 장음 [uː]가 아닌 단음 [ʊ] 발음이다. 1레벨에서 [g] 발음하고 1.5레벨로 내리며 [ʊd]를 발음한다. [d]는 혀를 떼지 않고 다음 소리로 넘어가도록 한다.

morning [m]에서 입술을 밖으로 밀어 터트린 후 [ɔː]로 이어지는데 입술을 아래위로 나팔이 펼쳐지는 느낌으로 내밀며 발음한다. [r] 발음은 정확하게 소리 내야 한다. [r] 발음이 빠지면 moaning[moʊnɪŋ], 즉 '신음'이라는 뜻의 단어로 들릴 수 있다. [ɔː] 발

음이 정확하지 않은 사람의 경우 [r] 발음을 제대로 소리 내지 않으면 아주 난처한 상황을 겪게 될지도 모른다.

how 무성음 [h]에서 유성음 모음 [ɑ]로 바뀌는 순간을 느낄 수 있어야 한다. 턱을 벌리는 중간에 성대 울림이 시작도록 연습한다.

are 한국인들은 are 발음을 어려워하는 경우가 많은데 [r] 발음을 깊이 말아 넣으려 하기 때문이다. 입폭을 모으고 혀끝을 치경 가까이 들어주는데 양 볼에 혀를 살짝 지지하면 쉽게 발음할 수 있다. 이때 가능하면 혀가 윗 어금니에 닿지 않도록 한다. 혀의 바닥 쪽을 아래 어금니에 지지하는 건 괜찮다.

you 이 발음을 완벽하게 하려면 턱을 1레벨로 벌리고 입폭을 벌려서 [j]를 소리 내고 [u]는 1.5레벨로 턱을 내리고 입폭을 좁혀서 발음한다. 원어민이 빨리 말할 때 마치 '여'처럼 들리기도 하는데 [u] 발음할 때 1.5레벨로 턱을 내리기 때문이다. 우리말 '유'와 조금 차이가 있는 발음이다.

한국 사람들은 대부분 미리 뒷모음의 입 모양을 미리 만들어 놓고 앞의 자음을 소리 낸다. 자음의 소리 시간을 아주 짧게 발음한다. 한국어의 특징이다. 영어를 발음할 때는 반드시 없애야 할 안 좋은 습관이다. hi, how, morning을 'ㅎ아이', 'ㅎ아우', 'ㅁ오r닝'의 느낌으로 자음이 따로 소리 나도록 연습해 보자.

TIP!!

턱 위치 자체보다 턱의 움직임, 그 방향이 중요하다

Hi의 발음기호 [haɪ]의 [ɪ] 턱 위치는 3으로 표시했지만 4나 5 정도로 발음해도 크게 문제되지 않는다. 턱 위치는 조금만 닫고 혀를 위로 들어서 [ɪ]를 발음해도 된다. morning이나 are의 r 발음할 때 턱 위치도 마찬가지이다.

2) I'm glad to see you again, Mr. Johnson.

다시 봐서 기쁩니다. 존슨 씨.

I'm glad to see you again, Mr. Johnson.

aɪm glæd tʊ siː jʊ əˈgen ˈmɪstər ʤɔːnsn
8 3 2　2 1 6 3　3 3　0 2　1 3　4 2 4 3　2 3 0 1 4 4　0 6 3 0 2

발음 설명

I'm 강조할 때는 [aɪ]를 발음할 때 4레벨에서 1.5레벨로 이동하며 발음하지만 강조할 필요가 없을 때는 그냥 4레벨에서 입을 조금만 다물며 [ɪ]를 약화시키고 [a]만 들리도록 발음하기도 한다.

glad [g]는 턱 위치 2에서 발음하고 [l]은 혀로 치경 부위를 눌러야 하기 때문에 턱을 1 위치로 다물며 발음하면 편하다. 혀를 치경에 붙이기 위해 혀를 힘주어 움직일 필요 없이 턱으로 밀어 올리면 쉽다. [l] 발음이 끝나면 [æ] 발음을 위해 3레벨로 이동한다.

다시 한 번 말하지만, 숫자로 표시한 레벨은 기계적으로 맞추라는 것이 아니다. 턱 움직임의 방향을 나타내는 것이다. 모음의 경우는 레벨을 어느 정도 맞추는 게 필요하지만, 자음은 모음에 따라 상대적인 위치로 참고만 하는 게 좋겠다.

3) If you have any questions, feel free to ask.

질문이 있다면 자유롭게 질문해 주세요.

If you have any questions, feel free to ask.

ɪf jʊ   hæv æni 'kwestʃəns   fiːl friː tu æsk
33 23   2 7 3   7 3 2 3 2 4 0 0 4 3 0   2 2 2   2 4 2   3 2 7 0 2

발음 설명

any [n]의 소리 길이가 확보되도록 발음해야 한다. 혀끝이 치경을 꾹 눌렀다가 떼도록 하면 소리 길이가 잘 확보될 수 있다.

question [k], [w], [e]가 각각 정확하게 소리 나도록 발음한다. [k]는 입폭을 중간 정도로 벌리고 발음하고 [w]는 입폭을 모았다가 벌리며 발음한 다음 턱 위치를 아래로 내리며 [e]를 발음한다. [s]를 발음할 땐 입폭을 그대로 유지하고 아래윗니를 맞닿게 다물고 발음하고 [tʃ]는 입폭을 모아 발음한다. 참고로 question의 음절 구분은 ques/tion이다. [s]는 1음절에 속하고 [tʃ]는 2음절이므로 따로 구분되어 소리 나도록 발음해야 한다.

free friː]는 무성음 [f]를 발음하고 유성음 [r]을 이어서 발음하는데 [f]와 [r]을 완전히 구분해서 소리 내도록 한다. [f]는 입폭을 중간 정도로 발음하고 [r]은 입폭을 모아서 소리 내고 [iː]는 다시 입폭을 넓게 벌리고 발음한다.

한국 사람들은 [stʃ]를 이어 발음할 때 [s]도 입폭을 모아서 발음하기도 하고 [s]의 입폭 그대로 [tʃ]를 발음하는 경우가 많다. 원어민과 똑같이 발음하려면 [s]는 입폭을 벌려서 소리 내고 [tʃ]는 입폭을 좁혀야 한다. free도 [f]는 보통 입폭으로 하고 [r]만 입폭을 좁히고 발음해야 원어민 발음과 비슷한 소리가 된다.

여기서 강남역까지 얼마나 멉니까?

How far is Gangnam station from here?

haʊ faːr ɪz gaːŋnaːm ˈsteɪʃn frʌm hɪr
2 8 3 2 8 4 30 2 8 3 2 8 3 024302 2 4 6 3 2 3 4

from[frʌm; frɑːm] (부) ~로부터, ~ 출신의
station[ˈsteɪʃn] (명) 역, 정거장

발음 설명

Gangnam 세계인을 열광시켰던 노래, 강남스타일이 외국인들에겐 콘돔 스타일 (condom[미][kɑːndəm]; 영[kʊːndɒm])로 들렸다고 한다. 콘돔의 영국 발음은 '강남'과 아주 비슷하게 들린다. 발음할 때 우리는 매우 짧고 빠르게 혀를 치경에서 떼기 때문에 [d] 발음과 가까워진다. 원어민들은 혀를 치경에서 꾹 눌렀다가 떼는 느낌으로 [n]을 발음하고 콧소리도 길게 유지해준다. [n] 발음을 한국식으로 소리 내면 [d]로 잘못 들릴 수도 있다는 것을 기억하자.

station 앞부분에 [steɪ] 발음은 무성음 [s], [t]와 모음 [e]가 이어서 발음되면 [s]가 소리 나다가 무성음 [t] 발음을 위해 일정 시간 호흡을 멈췄다가 터트리며 유성음인 모음 [e]로 소리가 이어진다. 호흡을 멈췄다가 [t]를 터트리기 때문에 '읕ㅌ'처럼 소리 나게 된다. 우리 귀에는 호흡을 막았다가 터트리는 된소리 'ㄸ'처럼 들린다.

here [r]을 발음할 때 혀가 윗 어금니에 닿지 않도록 하고 양쪽 볼을 안으로 모아서 혀 양옆을 지지하도록 하면 발음이 쉬워진다.

발음 원칙을 알고 제대로 지키며 발음하는 것이 중요하다. 우리식대로 발음하면 엉뚱한 소리로 바뀌어 들리는 경우가 많다.

> ## 5) It will take about twenty minutes by car.
>
> 거기는 차로 20분 정도 걸릴 겁니다.

It will take about twenty minutes by car.

ɪt wɪl teɪk əbaʊt twenti mɪnɪts baɪ kɑːr
33 233 2433 43832 324322 333320 283 284

발음 설명

foot o가 두 번 연속되면 대부분 장음이지만 foot는 [ʊ]로 단음이다. 여기서 on foot 는 by bus, by bicycle, by car 형태로 표현을 바꿔 사용할 수 있다.

will [w]에서 [l]로 바뀌는 것을 정확하게 발음하도록 한다. [w]는 입폭을 좁혔다 벌리며 1레벨 근처에서 발음하고 [l]는 1.5레벨로 턱을 벌리고 입폭을 넓혀서 발음해야 한다.

twenty n 뒤의 [t] 발음을 빼 버리고 발음하는 경우가 있는데 정확한 발음은 아니다. [t] 발음을 편하게 하기 위해 보통 코로 터트리거나 호흡만 멈춰 발음하는데 빠르게 말할 때는 [t] 발음이 거의 들리지 않는 것뿐이다. twen, ty와 같이 두 음절 사이에 짧게 호흡을 멈춘 후 [i]를 발음하는 것이 정확한 발음이다. '트우에니'보다 '트우엔이'가 좀 더 정확한 발음이라 할 수 있다.

world [wɜːrld]를 발음할 때는 입폭이 중요하다. [w]는 좁혔다 벌리며, [ɜː]는 보통, [r] 는 다시 좁게, [l]는 보통, [d]도 보통 넓이로 바꾸면서 발음하도록 한다. [r]에서 [l]로 바 뀌는 느낌은 혀의 움직임만으로는 잘 나타나지 않는다. [r]의 입폭을 조금만 좁혀줘도 느낌이 많이 달라진다.

girl, darling 단어와 같이 모든 rl이 이어지는 발음은 world와 비슷한 방식으로 [r]은 입폭을 좁게, [l]은 입폭을 조금 넓혀서 발음해야 한다. 입폭 변화를 주지 않으면 [r] 소리 와 [l] 소리를 구분하여 듣기 어렵다.

우리는 (맛을 위해) 모든 공정을 전통적인 방법 그대로 유지하고 있습니다.

We are keeping all process in the traditional way for taste.

wi ɑːr kiːpɪŋ ɔːl ˈprɑːses ɪn ðə trəˈdɪʃənəl weɪ fɔːr teɪst
22   8 4   2 2 2 3 3   6 3   2 4 8 0 4 0   3 3   2 4   2 4 4 3 3 0 4 3 4 4   2 4 3   2 6 3   2 4 3 0 2

traditional[trəˈdɪʃənəl] (형) 전통적인

발음 설명

we [w]와 [i]는 턱 위치가 같은 동일 레벨로 입폭을 좁혔다가 넓게 벌리며 발음하도록 한다. 혀 앞부분을 둥글게 만들어 [w]를 소리 내고 앞으로 밀어 세우며 [i]를 발음하면 된다.

traditional 영어의 [t] 발음은 혀끝이 치경에 넓게 닿아 소리 나기 때문에 소리가 'ㅌ'보다는 'ㅊ'에 가깝고 [r] 발음은 입꼬리를 모아 소리 나기 때문에 두 소리가 합쳐지면 'ㅊr'처럼 들린다. [r]을 편하게 발음하기 위해 입폭을 미리 모으고 [t]를 발음하면 [ʧr]처럼 들리게 되는 것이다. 우리는 [tr] 발음을 할 때 '츄r'로 소리가 바뀌는 발음 법칙이 있다고 배워왔다. [t], [r]을 한국식 발음으로 '트라'로 발음하면 완전히 다른 소리가 되기 때문에 발음 법칙이 필요했던 것이다. 원어민들은 발음 법칙에 신경 쓰지 않는다. 사전에는 [tr_]로 표기되어 있으므로 표준에 따라 그냥 발음하면 된다. 그리고 한국어 '츄레디셔널'은 제대로 된 발음이 아니다.

way [w]에서 [e]로 바뀔 때 [w]의 입 모양이 중요하다. 입폭을 완전히 모아서 [w]를 발음한 후 입폭을 넓히며 [e]를 발음하도록 한다.

7) Would you like to join us for dinner tonight?

저희랑 오늘 저녁식사 같이 하시겠습니까?

Would you like to   join us for dinner tonight?

wʊd   jʊ   laɪk tʊ 'ʤɔɪn əs fər dɪnər   tə'naɪt
2 3 3   2 3   2833 3 3   0 6 3 3 4 0 2 4 4 2 3 3 4 4   3 4 3 8 3 3

join['ʤɔɪn] (동) 연결하다, 합쳐지다, 가입하다
us[əs:강형ʌs] (명) 우리
for[fə(r):강형fɔ:(r)] (전) ~을 위한, ~을 위해, ~에 대해

발음 설명

would [w]는 입폭을 좁게 1레벨에서 발음한다. [ʊ]는 1.5레벨로 입폭을 조금만 넓혀서 소리 내면 된다. 턱을 벌리고 입폭도 조금 벌어지기 때문에 우리말 '우워ㄷ'와 비슷하게 들린다.

tonight [tə]로 발음이 표기되었지만 [tʊ]가 [tə]로 변화된 발음이다. [tʊ]로 발음해도 크게 어색하지 않다.

모음 뒤에 오는 자음은 3으로 표시한 경우도 있는데 모음 입 모양에서 혀만 움직여 소리 내도 되기 때문에 모음 턱 위치에 가까운 숫자로 표시한 것이다. 상대적인 위치라고 생각하자. 자연스럽고 편안한 발음이 될 수 있도록 자신에게 맞는 위치를 찾아서 발음하도록 하자.

(모든 소원을 들어주는) 요술 단어가 뭘까요? PLEASE.
아이들에게 예절을 가르칠 때는 please를 붙여 말하도록 가르친다. 어른이 "What's the magic word?"
라고 물으면 아이가 "please!"로 대답하게 된다.

What's the magic word? please.

waːts ðə ˈmædʒɪk wɜːrd pliːs
2830   24   27033   2642   2120

magic[ˈmædʒɪk] (명) 마술

발음 설명

word [w]는 입폭을 좁혔다가 넓히며 발음하고, [ɜː]은 살짝 넓혀주고, [r]은 다시 좁히며 발음한다.

※ word는 world와의 차이가 명확하도록 혀가 윗 어금니에 닿지 않도록 발음하는 것이 좋다.
- word는 [ɜː]에서 [r]로 입폭이 좁아지며 발음하고 좁아진 상태에서 [d]가 발음된다.
- world는 중간정도 입폭으로 [ɜː]을 발음하고 입폭을 더 좁혀서 [r] 발음을 하고 입폭을 살짝 넓히며 [l]을 발음하도록 한다. [r]에서 [l]로 바뀔 때의 입폭 변화가 소리에서 느껴지도록 발음되어야 한다.

please [p]를 2위치에서 발음 후 [l] 발음은 혀 앞부분을 치경에 눌러야 하기 때문에 턱을 밀어 올리며 눌러 1위치에서 발음한 다음 2위치에서 [i]를 발음한다.

모음 중 1레벨과 1.5레벨(i, ɪ, u, ʊ) 소리들은 혀가 경구개에 닿게 한 상태에서 발음하고 나머지 2, 3, 4레벨의 모든 소리는 혀를 경구개에 붙이지 않아야 제대로 된 소리가 된다. 한국어는 모든 모음을 경구개에 혀를 붙이고 발음하는 경향이 있다. 정확한 발음을 위해 꼭 확인하면서 발음하도록 하자.

여러분께 제 노하우를 공유하고 싶습니다.

Now I'd like to share with you my know-how.

naʊ aɪd laɪk tʊ ʃer wɪɵ jʊ maɪ ˈnoʊhaʊ
2 8 3 8 3 2 2 8 3 2 3 3   0 4 4   2 3 3   2 3   2 8 3   2 4 3 2 8 3

발음 설명

now [aʊ]는 강조되는 부분이다. 자음 n을 발음하고 입폭을 넓게 벌리고 턱을 4레벨 위치로 내렸다가 올리며 [aʊ]를 발음한다. [a]는 나팔점이 목구멍 뒤쪽에 생기도록 혀 뒷부분을 내려 발음한다.

know [noʊ]에서 [o] 발음을 할 때 혀가 경구개에서 완전히 떨어지도록 해야 원어민 발음과 비슷해진다. [o]는 혀를 경구개에서 완전히 떼고 소리 내고 [ʊ]는 혀 가운데 부분을 경구개에 붙여서 소리 내야 한다. 혀 가장자리만 살짝 붙이면 된다.

now, I, like, my, how 모두 [aɪ], [aʊ] 발음들이다. [aɪ]는 혀를 앞으로 내밀어 세운 상태에서 발음하고 [aʊ]는 내밀어 세웠다가 안으로 눕히면서 발음한다. [ɪ]는 혀를 앞으로 내밀고 발음하고 [ʊ]는 혀를 살짝 뒤로 당기고 발음하면 정확한 발음이 된다. with의 [wɪ]와 you의 [jʊ]는 턱 위치를 1레벨에서 1.5레벨로 내리면서 발음해야 원어민 발음과 비슷해진다. 그리고 [ɵ] 발음은 혀끝을 앞니에서 떼지 않고 호흡만 멈추는 형태로 소리 내면 발음이 쉽다.

10) Let me give you the background on the problem.

문제의 근본 원인을 말씀드리도록 하겠습니다.

Let me give you the background on the problem.

let miː gɪv juː ðə bækgraʊnd ɔn ðə ˈprɑːbləm
243 2 2 233 23 2 4 2 7 3 2 4 8 3 3 3 6 3 3 4 2 4 8 3 2 4 3

발음 설명

let me [t]와 [m]을 이어서 발음하고 [t] 발음은 호흡을 잠시 끊어서 분명하게 발음하고 [m]을 발음하도록 한다.

background [k]와 [g]를 이어서 발음할 때 [k] 발음은 터트리지 않고 호흡만 잠시 끊어서 발음하고 [g]를 발음하도록 한다.

습관적으로 한국어의 음운 변화(let me를 '렌미'와 같이) 현상을 적용해서 잘못 발음하는 분들이 많다. [t]는 터트리지 않는 무성음일 뿐 묵음이 아니다. 정확하게 소리 시간이 유지되도록 해야 한다.

[a]와 [ɑː] 발음은 모두 4레벨로 목구멍 앞을 둥근 나팔 모양으로 만들어 소리 내도록 한다. 입폭을 넓게 벌리면 [a], 입꼬리를 살짝 오므리면 [ɑ]가 된다.

도와주셔서 감사합니다.

Thank you for helping me.

'θæŋk ju fɔːr helpɪŋ mɪ
2 6 3 2   23   2 6 4   2 4 3 1 3 3   2 3

for[fər약ːɔːr강] (전) ~을 위한, ~을 위해

helping[helpɪŋ] (명) 도움

발음 설명

think [θ] 발음은 혀끝에서 떼기 전에 호흡을 내보내 [θ]의 발음 시간을 미리 확보해 야 한다. [θ]를 충분히 길게 소리 낸 후 혀끝을 앞니에서 떼면서 바로 바닥에 붙이고 이어서 [æ]를 발음하도록 한다.

helping [p]에서 [ɪ]로 넘어갈 때는 턱을 1에서 3 위치로 살짝 벌리면서 발음하면 좋다. [p] 발음을 할 때 입술을 마주 눌러줘야 하기 때문에 턱 위치를 1로 표시한 것이다. [l] 발음은 혀 앞부분은 들고 뒷부분을 내리며 발음하기 때문에 마치 '얼'처럼 들린다.

me 자음 [m]의 길이를 유지해 주고 발음해야 한다. 입술을 꾹 누르듯이 콧소리로 발 음하고 [ɪ]가 이어서 소리 나도록 한다. 원래 발음은 길게 발음하는 [miː]이지만 문장 내에서 강세를 받지 않을 경우에는 [ɪ]로 짧게 힘을 뺀 소리로 발음한다.

감사할 내용을 여러 가지로 바꿔서 연습해보자.

Thank you for joining us(inviting me / coming / attending the seminar / everything / your trouble for me / your consideration).

우리와 함께해줘서 (저를 초대해줘서 / 와줘서 / 세미나에 참석해줘서 / 모든 것에 / 노고에 / 배려에) 감사드립니다.

필요는 발명의 어머니라는 의미이다. 인간은 의사소통을 위해 말과 글을 발명했고 글을 쓰기 위해 종이를 발명했다.

Necessity is the mother of invention.

nə'sesəti   ɪs ðə 'mʌðər   əf   ɪn'venʃn
2 4 0 4 0 4 2 2   30 2 4   2 6 2 4 4   4 2   3 2 1 4 2 0 2

necessity[nə'sesəti] (명) 필요, 필수품
invention[ɪn'venʃn] (명) 발명, 발명품

발음 설명

necessity necessary['nesəsəri]의 명사형이다. 엑센트가 두 번째 음절에 있다. 아래윗니를 맞대고 [s]를 발음하고 [e]나 [ə]로 턱 위치를 바꿔 발음한다. y는 [i] 발음이므로 입폭을 넓게 만들고 짧게 소리 낸다.

invention [v]를 소리 낼 때 입술만 움직이면 어려우므로 턱을 살짝 밀어 올렸다 내리며 발음한다. 아랫입술을 윗니에 살짝 대고 미끄러트리며 [v]를 발음한 후 2레벨 위치로 턱을 내리며 [v] 소리가 끝나고 [e]를 발음하게 된다.

턱 움직임의 방향이 중요하다. is는 1레벨에서 0레벨로 다물며 발음하고 the는 1레벨에서 살짝 벌려주며 발음하고 [mʌ]는 1레벨에서 많이 벌리며 발음하면 된다.

'행동하는 사람이 목소리가 크다'라는 의미이다. 말로만 하고 행동으로 잘 옮기지 않는 상대방에게 하는 말이다. '한번 해보고나 말씀하시죠'의 의미에 가깝다.

Actions speak louder than the words.

ˈækʃns   spiːk   ˈlaʊdər   ðæn   ðə   ˈwɜːrds
7 3 0 2 0   0 2 2 2   2 8 3 3 4 4   2 7 3   2 4   2 6 4 2 0

action[ˈækʃn] (명) 행동, 조치
word[wɜːrd] (명) 단어, 이야기, 말

발음 설명

actions 3.5레벨 [æ]로 시작한다. [k]는 터트리지 않는 발음이다. 바로 [ʃ] 발음으로 넘어간다. 입을 모으는 [ʃ] 때문에 [ə]가 약화되어 [n]으로 소리가 합쳐져서 [ʃn]이 된다. [s]는 speak의 s와 연결되어 소리 난다. [s]가 하나일 때보다 길게 발음한다.

speak [p] 발음할 때 입술을 마주 꽉 눌렀다가 터트린다. 무성음 sp 뒤에 유성모음이 오면서 'ㅅㅃ'처럼 소리 난다.

than the [ð]가 두 번 연속 나온다. 윗앞니 뒷면에 혀를 대고 빠르게 발음한다. [n]도 [ð]의 혀 위치에서 그대로 발음한다.

words [w]는 입폭을 좁혔다가 넓히며 발음한다. [ds]는 1레벨에서 [d]를 먼저 소리 내고 이어서 [s]를 0레벨에서 따로 소리 나도록 한다. 이어서 발음하면 '즈'처럼 들리지만, 우리말 '즈'와는 조금 다른 소리이다.

비슷한 의미로 It's time to put your words into actions도 자주 사용된다.

'일찍 일어나는 새가 벌레를 잡는다'는 의미이다. 아침에 아이들을 깨울 때나 좀 더 부지런해지라는 의미로 자주 사용된다.

The early bird catches the worm.

ðɪ ɜːrli bɜːrd kæʧɪs ðə wɜːrm
23   6422   2642   27030   24   2642

발음 설명

early 단모음이거나 강세를 받는 '어' 발음 뒤에 [r]이 붙으면 발음기호는 모두 [ɜːr]이 된다고 Central Vowel에서 설명했다. [ɜː]는 3레벨에서 발음한다. [r]과 [l]의 차이가 확실하게 느껴지도록 [r]은 입폭을 모아서 발음하고 [l]은 입폭을 넓혀 발음한다. 혀 뒷부분을 낮추고, 혀 앞부분 전체를 위 치경에 눌러 붙여 발음한다. 'y'는 [i]로 발음되기 때문에 입폭을 넓게 만들고 발음해야 한다.

early, bird, worm의 [ɜːr] 발음은 혀 뒷부분을 낮춰서 [ɜː]를 발음하고 바로 이어서 [r] 발음이 시작된다. [ɔːr]나 [ɑːr]와 구분하기 위해 [ɜː]와 [r]을 동시에 발성하기도 한다. 혀가 윗 어금니에 닿지 않도록 하고 양쪽 볼을 안으로 모아서 혀 양옆을 지지하도록 하면 발음이 쉬워진다.

자음 y가 모음으로 성격이 바뀌는 경우가 있는데 이때는 [ɪ]가 아닌 단음 [i]로 표기된다. 입폭을 넓게 만들고 짧게 발음하도록 한다. worm은 [wɜːrm]이고 '따뜻한'의 뜻을 가진 warm은 [wɔːrm]이다. 혀끝의 위치를 잘 구분해서 발음해야 한다.

15) Don't put the eggs in one basket.

'달걀을 한 바구니에 모두 담지 마라'는 의미이다. 위험을 분산시켜야 한다는 뜻으로 주로 주식 매매를 할 때 나눠서 투자하라는 의미로 사용한다.

Don't put the eggs in one basket.

dɔːnt pʊt ði egs ɪn wʌn ˈbæskɪt
2 6 3 2   2 3 3   2 3   4 2 0   3 2   2 6 3   2 7 0 3 3 3

basket[ˈbæskɪt] (명) 바구니

발음 설명

don't [dɔːn] 뒤에 나오는 [t]는 터트리지 않는 [t]이다. 호흡을 딱 끊어서 [t] 발음을 대신한다.

put [p] 발음 후 턱을 1.5로 내리며 [ʊ]를 발음한다. [t]는 터트리지 않고 다음 소리로 이어지도록 한다.

one [w]는 1레벨에서 입을 모았다가 벌리며 발음하고 [ʌ]는 3레벨에서 발음한다.

basket [b] 발음할 때 [æ]의 입 모양을 만들면 안 된다. 1레벨에서 [b]를 발음하고 나서 3레벨로 이동하여 [æ]를 발음한다. [skɪ] 발음할 때는 [sk]는 성대를 울리지 않는 무성음이다. 발음이 잘되지 않으면 [bæsk]와 [ɪt]를 분리해서 연습한 후 나중에 붙여 발음한다.

'Part 2. 모음(Vowel Sounds)'에서도 설명했지만 don't의 [ɔː]를 발음할 때는 혀를 위로 볼록한 모양으로 둥글게 만들고 뒤로(연구개 쪽) 붙여서 연구개 울림이 커지도록 한다. 혀 앞부분과 앞니 사이에 간격을 두면 앞부분에서도 독특한 울림이 생긴다. 앞부분 울림과 연구개 울림이 같이 조화를 이루도록 발음해보자.

'책표지만 보고 판단하지 마라'는 의미이다. 책이든 사람이든 겉모습으로 판단하면 안 된다는 의미로 사용된다.

You can't judge a book by its cover.

ju kænt ʤʌʤ ə bʊk baɪ ɪts kʌvər
23   2732   0 6 0   4 2 3 3   2 8 3 3 2 0 2 6 2 4 4

judge['ʤʌʤ] (동) 판단하다 (명) 판사

발음 설명

can't [t]는 터트리지 않는 [t]이다. [n] 발음 후 호흡을 잠깐 끊고 다음 소리를 발음한다.

its 1레벨에서 [t]를 발음하고 0레벨에서 [s]를 이어서 발음해야 한다. [t]와 [s]가 따로 소리 나야 한다. 우리는 [t]와 [s]가 합쳐지면 'ㅊ'로 소리가 변한다는 발음 법칙이 있다고 배웠는데 우리말 'ㅊ'와 똑같이 발음하면 원어민 발음과는 느낌이 많이 달라진다.

원어민이 일상생활에서 실제로 말할 때는 턱을 많이 벌리지 않고 말한다. 턱은 많이 움직이지 않더라도 혀 뒷부분을 레벨에 맞춰 정확하게 움직이면 되기 때문이다. 턱을 아예 움직이지 않거나 정해진 레벨과 반대로 움직이면 영어 느낌이 사라진다. 혀의 움직임에 맞는 턱의 움직임을 적당한 비율로 정하고 움직임이 익숙해지도록 연습하자.

그녀는 내일 중요한 구직 면접을 앞두고 있다.

She has an important job interview tomorrow.

ʃiː hæs ən ɪmpɔːrtnt ʤɑːb ɪntərvjʊ tmɑːroʊ
0 2   2 6 0   4 3   3 2 2 6 4 2 2 2   0 8 3   3 2 2 4 4 2 2 3   2 2 8 4 4 3

발음 설명

interview [t] 발음은 호흡을 잠시 끊어 주는 방법으로 발음한다. 완전히 [t] 발음을 빼 버린 '이너뷰'가 아니라 '인어뷰'가 더 가까운 발음이다.

important [t] 발음은 호흡을 멈추는 [t]로 발음하도록 한다.

원어민들이 묵음으로 처리하는 [t] 발음의 경우에도 가급적이면 꼭 발음을 하는 것이 좋다. [t]가 없는 단어인 것처럼 발음하면 이상한 느낌으로 되는 경우가 많기 때문이다. 아주 잠깐만 호흡을 멈춰주면 된다. 호흡을 멈추는 것이 어렵거나 오히려 어색하다면 [t]의 위치에서 소리를 줄이는 느낌만 살짝 넣어줘도 된다.

'선물 받은 말의 입을 들여다보지 마라'는 의미이다. 말의 입을 보는 행동은 말을 사기 전에 말의 나이, 건강 상태를 확인하는 행동이다. 선물 내용에 대해서 이런저런 불평을 늘어놓는 사람에게 그러지 말라고 할 때 사용하는 말이다.

Don't look a gift horse in the mouth.

dɔːnt lʊk ə gɪft hɔːrs ɪn ðə maʊθ
2 6 3 2   2 3 3   4   2322   2 6 4 0   3 2   2 4   2 8 3 2

발음 설명

don't [dɔːnt] 뒤에 나오는 [t]는 터트리지 않는 [t]이다. 호흡을 딱 끊어서 [t] 발음을 대신한다.

horse [h]는 입을 벌리지 않은 상태에서 발음하고 입을 벌리며 [ɔː]를 발음하도록 한다. [r] 발음은 [ɔː] 위치에서 턱을 조금 다물고 혀를 치경 근처로 가져가서 발음한다.

mouth [m]은 입술을 밖으로 내밀며 터트리도록 하고 [aʊ]는 혀를 앞으로 내밀어 [a]를 발음한 후 뒤로 살짝 당기며 [ʊ]를 이어서 발음하도록 한다.

[ɔː], [a] 모음이 있는데 모음들을 발음할 때는 혓바닥을 항상 입천장 모양과 같은 위로 볼록한 모양을 유지해야 원어민 발성과 비슷한 발음이 나온다.

19) A watched pot never boils.

'조바심 내며 기다릴수록 오지 않는다'라는 의미이다. (냄비 뚜껑을 열고) 보고 있으면 절대 끓지 않는다.

A watched pot never boils.

ə   wɑːtʃt   pɑːt   nevər   bɔɪls
4   2 8 0 2 2 8 3 2 4 2 4 4 2 6 3 2 0

발음 설명

watched [w]는 입폭을 모아서 발음하고 턱을 4레벨로 벌려서 [ɑː]를 발음하고 아래 윗니를 닿도록 만든 뒤 [tʃ]를 소리 내고 [t]를 이어서 발음한다.

pot [p]는 입술을 밖으로 내밀며 터트리는 발음이고 뒤에 Rounded Vowel이 이어지므로 입술이 나팔 모양으로 펼쳐지며 발음하는 것이 원어민 발음에 가깝다.

never [n]을 발음할 때 혀 앞부분으로 치경을 꾹 눌러서 소리 시간을 확보해 주며 발음하도록 한다.

boils pot와 마찬가지로 boil도 입술을 나팔 모양으로 만들며 발음한다.

동사에 _ed를 붙여 과거형을 만드는 경우가 많은데 세 가지 유형으로 소리 난다. [t], [d]로 끝나는 단어 뒤에서는 [ɪd]로 발음되고 [p], [k], [s], [ʃ], [tʃ]로 끝나면 [t]로 발음된다. 나머지의 경우는 모두 [d]로 발음된다.

'눈에 보이지 않으면 마음도 멀어진다'는 의미이다. 멀리 떨어져 자주 보지 않는 친구는 마음에서 멀어질 수밖에 없다는 의미로 자주 사용된다.

Out of sight, out of mind.

aʊt əf saɪt   aʊt əf maɪnd
8 3 3   4 2   0 8 3 3   8 3 3   4 2   2 8 3 3 2

action['ækʃn] (명) 행동, 조치
word[wɜːrd] (명) 단어, 이야기, 말

발음 설명

out of 연음이므로 부드럽게 이어서 발음되도록 한다. [t]를 세게 터트리지 않고 유성음 [d]인 것처럼 혀끝으로 치경을 탁 때리며 발음하고 [əf]로 연결하면 된다.

sight, mind 두 단어 모두 자음 뒤에 [aɪ] 발음이 이어진다. 입을 완전히 다문 상태에서 자음 [s]를 발음하고 [a]를 발음하러 4레벨로 이동해야 한다. [m]도 입술을 내밀어 완전히 터트린 후 4레벨의 [a]를 발음하도록 한다. 뒷모음 발음을 위해 미리 입을 벌리면 안 된다.

다시 한 번 강조하지만, 미리 입을 벌려서 모음을 준비한 상태로 자음을 발음하지 않도록 해야 한다. 영어 발음에서는 매우 중요하다.

21) The eagle does not catch flies.

'독수리는 파리를 잡지 않는다'는 의미이다. 사소한 것에 시간이나 노력을 뺏기지 말라는 의미로 사용된다.

The eagle does not catch flies.

ðɪ i:gl dəs nɑːt kæʧ flaɪs
33 233 240 283 270 12830

fly[flaɪ] (명) 파리, 날벌레 (동) 날다, 비행하다

발음 설명

the eagle 정관사 the는 모음 앞에서 [ðɪ]로 소리가 바뀐다. 알고는 있지만 실수로 틀리게 발음하는 경우가 많다. [ðɪ]와 [ðə]가 반사적으로 나올 수 있도록 연습해야 한다.

catch ʧ는 반드시 입폭을 모으고 발음해야 한다. 성대를 울리지 않는 '츄'에 가까운 소리이다. 모음 '이'를 붙여서 '취'처럼 발음하면 안 된다. 무성음이므로 성대를 울리지 않도록 주의한다.

적어도 이 책을 보고 있는 여러분은 영어 발음 공부를 제쳐놓거나 미루지 않았으면 한다. 투자하는 시간에 비해서 얻는 효과는 아주 클 것이기 때문이다. 영어 발음은 이제 더 이상 어려워서 포기할 일이 아니기 때문이다.

이번 절에서는 이야기 형식의 긴 문장으로 발음 연습을 해보자. 본인의 목소리를 녹음하고 원어민 음성과 비교하면서 반복해서 확인하고 다시 녹음하는 과정을 통해 완벽한 영어 발음으로 만들어 가면 될 것이다.

제시된 문장만 연습하지 말고 원어민을 만났을 때 할 수 있는 다양한 이야기를 직접 만들어 보는 것도 좋겠다.

TIP!!

잡담을 나누는 친구가 아니라 진지한 이야기를 나누고 도움이 되는 유용한 정보를 나눌 수 있는 친구나 사업 파트너를 만들기 위해서는 자신의 이야기, 스토리텔링이 필요하다. 잘 훈련된 사람이 아니라면 한국어로도 즉석 스토리텔링이 어렵다. 하물며 외국어인 영어로 이야기를 하려면 미리 준비하지 않고서는 이야기를 이어가는 것이 불가능하다. 긴 이야기든, 짧은 이야기든 미리 이야기를 준비해야 한다. 도입부를 어떻게 시작하고 인물을 어떻게 설명해 나가고 마무리는 어떻게 지을 건지 고려하면서 영어 이야기를 하나씩 모아 나가 보자. 준비된 스토리 수백 개가 머릿속에 들어 있고 발음까지 완벽하다면 외국인을 대할 때 자신감이 넘치지 않겠는가?

1) 한국의 가을

    The weather in Korea is / very nice in the fall. It's a great season to go on a picnic / because the weather is neither too hot / nor cold. The sky is blue / and the air is clean, so you can clearly see the beautiful sky / and scenery even from far away. Fall leaves are also very beautiful, and entire mountains are covered with these vivid leaves. Many mountains in Korea are famous / for their colorful fall leaves. You can see the fall leaves in Korea / at the top of Mt. Seorak / starting around September 25. The leaves will peak around October 29 / for most of the mountains near Seoul. You should try hiking in the fall.

scenery['siːnəri] 경치, 풍경, 무대배경 vivid['vɪvɪd] 생생한, 선명한, 강렬한 october[ɑːkˈtoʊvər] 10월 colorful['kʌlərfl] 컬러의, 다채로운 hiking['haɪkɪŋ] 하이킹, 도보여행

영문 해석 ————————————————————————————

한국의 가을은 날씨가 참 좋습니다. 덥지도 춥지도 않은 소풍 가기 딱 좋은 계절이죠. 하늘은 푸르고 공기가 맑아서 멀리까지 깨끗하게 보입니다. 단풍도 참 아름답습니다. 온 산이 화려한 색깔의 단풍으로 물든답니다. 한국엔 단풍으로 유명한 산도 많습니다. 한국의 단풍은 9월 25일경 설악산 정상에서부터 시작됩니다. 서울 근교 산들은 10월 29일쯤이 되면 단풍이 듭니다. 가을이 되면 산행을 한번 해보세요.

2) 레이더 영상으로 비를 피한다

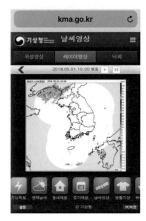
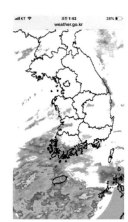

This is a radar image from a website / provided by the "기상청". 기상청 is a meteorological administration of Korea. If you have any outdoor plans, you need to visit this website. As you know, general weather forecasts do not exactly predict the weather / for a specific area or time. Let's say / you are responsible for events and planning outdoor activities, like hiking, picnics, and so on. You see it's cloudy / so you need to decide / whether or not to go with your plan. You will probably look up the weather forecast. But / the weather forecast only says something like, "the probability of rain in the southern region is 60%". You know all of this, right? You can use this website / to get more details about weather information. This page can show you / how many raindrops are included in the clouds. Blue means weak drizzles, green means medium, and red means heavy rain. Even if the clouds look heavy, there will be no rain unless colors appear on the radar image. Simply press the play button to see / where the clouds are moving toward. You can use this function to predict where the clouds will move over the next one or two hours.

radar [ˈreɪdɑːr] 레이더 meteorological[miˈtiəˈrɑːləʤikəl] 기상의, 기상학상의 administration[ədˌmɪnɪˈstreɪʃn] 관리, 집행, 관리직원 outdoor[ˈaʊtdɔər] 야외의 forecast[ˈfɔːrkæst] 예측, 예보, 예측하다 predict[prɪˈdɪkt] 예측하다 probability[prɑːbəˈbɪləti] 개연성, 확률 southern[ˈsʌðərn] 남쪽에 위치한, 남향의 drizzle[ˈdrɪzl] 보슬비, 이슬비 toward[ˈtɔːrd,təwˈɔːrd] ~쪽으로, ~을 향하여

영문 해석

이 페이지는 한국의 기상청에서 제공하는 레이더 영상 웹페이지입니다. 기상청은 한국의 일기예보 담당 관청입니다. 야외 활동 계획을 갖고 있다면 이 웹페이지를 방문할 필요가 있습니다. 아시다시피 기상청의 일반적인 일기예보는 특정 지역, 특정 시간의 정확한 날씨를 예측해주지 않습니다. 등산, 소풍 등 야외 활동을 계획하고 있는데 구름이 많이 낀 날씨이고 당신이 행사를 계속 진행해야 할지 결정해야 하는 책임자라고 가정해 봅시다. 아마 당신은 일기예보를 보려고 할 것입니다. 그런데 일기예보에는 '중부지방 비올 확률 60%' 이런 식으로밖에 나오지 않습니다. 아시죠? 이때 이 웹페이지를 참조하면 도움이 될 것입니다. 구름 속에 빗방울이 얼마나 포함되어 있는지 색깔로 표시해줍니다. 푸른색은 약한 이슬비, 연두색은 중간, 빨간색은 폭우를 의미합니다. 구름이 짙게 끼어 있더라도 이 레이더 영상에 색갈이 나타나지 않으면 비구름이 아니랍니다. play 버튼을 누르면 구름의 이동 방향과 속도를 알 수 있습니다. 한두 시간 뒤에 비구름이 어디로 이동할지도 예측해 볼 수 있습니다.

On a hot summer day, five friends of mine and I went fishing to a lake. The lake was pretty big, over 100 meters wide. I threw my fishing rod into the water / and waited for fish to take a bite. I waited quite a while / but fish weren't biting, so I got bored. It was so hot, too. Then, one of us said, "Let's swim!" Another one said, "Let's cross the lake by swimming". I held back / because I felt a bit scared. But two of us took off their clothes / and jumped into the water. They were swimming so fast / and got to the middle of the lake already. I also jumped into the water / and hurried to catch up. When I got to the middle, my leg cramped up all of the sudden / because I didn't warm up before going into the water. My legs sank under the water / and my body stood upright. I couldn't move forward. I felt like / I was going to die. I shouted to my friends / behind me, "Please save me!" But they said, "Stop joking, just keep going!" They thought that / I was just playing around. I was really scared. I seriously thought I was going to die. I thought about / how I used to swim in a stream / when I was a kid, which was placing only my ears in the water / while keeping my eyes and nose out of water. I often played in the water like that / when I was younger. People's bodies should always float on the water / if you breathe in and / lay down like a dead body. We called it "송장헤엄", which means "Corpse Swim" in Korean. I breathed in / as deep as I could and / slowly laid back. I saw the beautiful blue sky with my eyes. My ears sank in the water / so I couldn't hear anything. The whole world calmed down. I felt like I could float on the water all day. I slowly swung my arms into the water and swam to the other side. Finally, I could cross the lake and survive. I want to say, "Thank you, Corpse Swim!"

dive[daɪv] 다이빙하다 cramp[kræmp] 근육경련 warming-up[ˈwɔːrmɪŋ ʌp] 준비운동 brook[brʊk] 개울
corpse[kɔːrps] 시체, 송장

영문 해석

어느 무더운 여름날, 친구 다섯 명과 호수로 낚시를 갔어요. 꽤 큰 호수였는데 폭이 100m가 넘었죠. 난 낚싯대를 던져놓고 물고기의 입질이 오기를 기다렸어요. 한참을 기다렸지만 입질은 없었고 낚시는 지루해졌어요. 날씨도 무더웠어요. 그때 누군가가 말했죠. "우리 수영하자". 다른 누군가가 말했어요. "수영해서 호수를 건너가자". 난 머뭇거렸어요. 겁이 좀 났거든요. 그런데 친구 두 명이 먼저 옷을 벗고 물에 뛰어든 거예요. 그 친구들은 벌써 호수 중간쯤에서 헤엄치고 있었어요. 나도 물에 뛰어들었고 따라잡기 위해 속도를 올렸어요. 중간쯤 다다랐을 때 갑자기 다리에 쥐가 났어요. 준비운동도 안 하고 물에 뛰어든 게 문제였어요. 다리가 물 아래로 가라앉고 몸이 물속에서 똑바로 서 버렸죠. 더 이상 앞으로 나갈 수 없었어요. 이대로 있다간 죽을 것 같았어요. 뒤에 있던 친구들에게 "살려줘"라고 외쳤어요. "장난 치지 말고 계속 가!" 친구들은 무시했죠. 내가 장난치는 줄 알았던 거예요. 덜컥 겁이 났어요. 이대로 끝나는 건가 하는 생각이 들었어요. 그때 개울가에서 물놀이하던 어린 시절의 수영 방법이 생각났어요. 눈과 코만 물 밖으로 내놓고 귀는 물에 잠기도록 뒤로 눕는 수영 방법이었죠. 어렸을 때 자주 그러고 물에서 놀았거든요. 우리 몸은 물에 뜨게 되어 있어요. 숨을 들이켜고 송장처럼 누워 있으면요. 그래서 우리는 송장 헤엄이라고 불렀어요. 숨을 한껏 들이마시고 뒤로 천천히 누웠어요. 파란 하늘이 가득 눈에 들어왔어요. (귀는 물에 잠겨서) 아무 소리도 들리지 않았어요. 온 세상이 고요해졌고요. 하루 종일 물에 떠 있을 수 있을 듯했지요. 천천히 팔을 저으며 건너편을 향해 헤엄쳤어요. 마침내 건너편에 도착할 수 있었고 살아남을 수 있게 되었죠. 이렇게 말하고 싶어요. "송장 헤엄 고마워!"

Our throats can get sore / if we snore or talk a lot. It happens often / during months with cold and dry weather. You should wear a mask to prevent this. The warm, humid air will enter the nose and / help relieve the symptoms. When you sleep, drink a lot of warm water and / keep your body warm. You should cover your body all the way up to your face, and let your whole body sweat. The warm, humid air will keep your neck warm and moisturized. This helps your blood circulate and / makes the environment to heal inflammation. If you take care well, you will feel healthier and won't have to go see a doctor. Of course, if you have a severe cold, you should get medical care, because your cold may spread to people / due to coughing or sneezing.

soar throat[sɔːr θroʊt] 후두염, 인후통, 목 따가움 sore[sɔːr] (염증이나 근육통이 생겨) 아픈, 화가 난 snore[snɔːr] 코를 골다 prevent[prɪˈvent] 막다 humid[ˈhjuːmɪd] 습한 relieve[rɪˈliːv] 완화하다, 없애주다 symptom[ˈsɪmptəm] 증상 moisturize[ˈmɔɪstʃəraɪz] 촉촉하게 하다 circulate[ˈsɜːrkjəleɪt] 순환하다 heal[hiːl] 치유되다, 치유하다 inflammation[ˌɪnfləˈmeɪʃn] 염증 medical care[ˈmedɪkl ker] 의료, 건강 관리(health care) coughing[ˈkɔːfɪŋ] 기침하기 sneezing[sniːzɪŋ] 재채기

영문 해석

코를 심하게 골거나 말을 갑자기 많이 하면, 목이 아플 때가 있습니다. 특히 춥고 건조한 날씨에 그런데요. 마스크를 착용하면 좋습니다. 따뜻하고 습한 공기가 코로 들어오면 증상이 완화되는 데 도움이 되기 때문입니다. 잠을 잘 때 따뜻한 물을 많이 마시고 몸을 따뜻하게 유지하도록 합니다. 얼굴까지 이불을 덮어쓰고 땀을 흘리면 좋습니다. 따뜻하고 습한 공기 덕분에 목이 따뜻하고 촉촉한 상태를 유지하게 됩니다. 혈액이 잘 순환되어 염증이 치유될 수 있는 환경이 만들어집니다. 이렇게 잘 관리하면 초기 감기는 병원에 가지 않고도 나을 수 있습니다. 물론 심한 감기라면 병원에 가서 진료를 받는 것이 좋겠지요. 기침이나 재채기가 나면 다른 사람에게 감기를 전염시킬지도 모르니까요.

5) 부모가 주걱턱을 만든다

Do you know the cause of lantern jaws? If the lower jaw extends further than the upper jaw, it is called a lantern jaw. Doctors say that this condition is genetic. This is perhaps / because doctors often see siblings / with the same condition. However, a lantern jaw occurs when a child is a toddler. During that time, the joints grow very quickly. If you put the baby's pillow too high, the baby's jaw will be pushed forward, and there will be an empty space between the jaw joints. The joint bones grow while filling the empty space / and the joint position is fixed. Therefore, the wrong pillow position will make a wrong jaw position. My nephew has a lantern jaw / because of same reason. During the toddler stage, the bones and joints will grow and settle quickly, so parents need to pay attention to the placement of their children to prevent this condition.

lantern jaw['læntərn dʒɔː] 주걱턱, 아래 턱을 내밀고 밑에서 랜턴을 비춰 마귀할멈같이 보이게 하는 놀이 또는 그 얼굴형상 genetic[dʒə'netɪk] 유전의, 유전학의 sibling['sɪblɪŋ] 형제자매 toddler['tɑːdlər] 유아, 유아기 joint[dʒɔɪnt] 관절, 연결 부위 pillow['pɪloʊ] 베개 nephew['nefjuːˌˈnevjuː] 조카 settle['setl] 해결하다, 정착하다 placement['pleɪsmənt] 설치, 배치, 현장실습

영문 해석

주걱턱의 원인을 아시나요? 아래턱이 위턱보다 앞으로 나와 있으면 주걱턱이라고 합니다. 의사들은 유전이라고 말합니다. 아마 형제들 모두 주걱턱인 경우가 많아서 그렇게 생각할 것입니다. 그러나 주걱턱은 갓난아기 때 만들어집니다. 갓난아기는 뼈나 관절들이 아주 빠르게 성장합니다. 아기의 베개를 높이 괴면 아기의 턱은 앞으로 밀려나오게 되고 턱관절 사이엔 공간이 생기죠. 빈 공간을 채우며 턱뼈가 자라고 빈 공간을 메워 버립니다. 턱 위치가 그 자리에 정해져 버리는 것이죠. 그래서 잘못된 베개가 주걱턱을 만든다는 거죠. 실제로 조카가 이런 이유로 주걱턱이 되어 버렸습니다. 갓난아기 때는 모든 뼈와 관절이 빠른 속도로 성장하며 자리 잡는 시기입니다. 부모의 세심한 주의가 필요합니다.

We use soap when we take a shower. We also use it / when we do laundry. Is soap safe for our bodies? Soap is a chemical. Soap can remove oil, but it can also dissolve the protein / which is a part of our skin. If we don't rinse the soap out completely, the soap will be dried on the clothes / or our body skin. When we sleep, the soap will become soapy water / because our sweat makes it melt. Soapy water will penetrate / under the skin hole, dead skin cells, and it will damage our skin. This will make a lot of wounds on our skin. These wounds will be infected with virus. Itching will start, and when we scratch them, the areas of infection will get bigger. I think / this is the cause of atopy, although it has not been confirmed yet. We must be careful when using soap. It is very important / to rinse the soap completely. We know that / many people are suffering from skin atopy. Wouldn't people be so shocked / when they discover soap is the cause of skin atopy?

chemical[ˈkemɪkl] 화학 물질, 화학의, 화학적인 dissolve[dɪˈsɑːlv] 녹다, 용해되다, 녹이다 protein[ˈproutiːn] 단백질 rinse[rɪns] 씻다 clothes[clouðz; clouz] 옷, 의복 Soapy[ˈsoupi] 비누의, 비누 같은 sweat[swet] 땀, 진땀 melt[melt] 녹다 penetrate[ˈpenɪtreɪt] 뚫고 들어가다; 관통하다, 뚫고 들어가다 dead skin cells[ded skɪn sel]] 각질 damage[ˈdæmɪdʒ] 손상, 피해, 훼손 wound[wuːnd] 상처, 부상 infect[ɪnˈfekt] 감염시키다, (유해 세균으로) 오염시키다 virus[ˈvaɪrəs] 바이러스, 바이러스성 질환, (컴퓨터) 바이러스 Itching[itʃin] 가려움, 갈망, 가려운, … 하고 싶어 못 견디는 scratch[skrætʃ] (가려운 데를) 긁다, (송곳, 칼로 상처 나게) 긁다, 긁힌 자국을 내다 infection[ɪnˈfekʃn] 감염, 전염병 atopy[ˈætəpi] 아토피성 (피부) although[ɔːlˈðou] 그러나, 하지만 completely[kəmˈpliːt] 가능한 최대의, 완벽한 suffering[ˈsʌfərɪn] 고통, 괴로움 discover[dɪˈskʌvər] 발견하다, 찾다

우리는 샤워를 하거나 세탁을 할 때 비누를 사용합니다. 비누가 우리 몸에 안전한 것일까요? 비누는 화공약품입니다. 비누는 기름때를 제거해주지만 피부 구성 물질인 단백질도 녹어 버립니다. 비누를 제대로 헹궈내지 않으면 비누는 옷이나 피부에 말라붙어 있다가 잠을 잘 때 땀에 녹아 비눗물이 됩니다. 비눗물은 피부 구멍, 각질 아래로 파고들고 미세한 상처를 만들겠죠. 피부에 많은 작은 상처가 생기고 감염이 진행될 것입니다. 가려움이 시작되고 긁으면 감염은 확대될 것입니다. 이것이 아토피의 원인이라고 생각합니다. 아직 명확하게 밝혀진 건 아니지만요. 우리는 조심해서 비누를 사용해야 할 것입니다. 잘 헹궈내는 것이 중요합니다. 많은 사람들이 아토피로 고통을 받고 있습니다. 아토피가 비누 때문에 생긴 것이라고 밝혀진다면 얼마나 황당할까요?

Part 6

발음 공부에 유용한 정보

6-1 발음 연습에 좋은 스마트폰 앱 Retrica

발음 연습 도구로 스마트폰 앱 'Retrica'를 추천한다. 사진을 포토샵 처리해서 찍어주는 프로그램이다. 잡티나 주근깨를 지워서 깨끗한 얼굴 사진으로 보정한 사진 파일을 만들어 준다. 사진뿐 아니라 동영상도 촬영이 가능하다. 사진 촬영 버튼을 누른 상태에서 문장을 발음하고 손을 떼면 자동으로 반복 재생해주는 기능이 있다. 자신의 발음을 확인하기에 아주 좋다. 따로 저장 버튼을 누르지 않으면 저장되지 않는다. 불필요하게 영상 파일이 생기지 않아서 좋다. 물론 자동 저장되도록 설정을 바꿀 수도 있다. 취소하면 영상 파일은 지워지고 촬영 모드로 돌아간다. 거울을 보며 연습하는 것보다 훨씬 더 좋다. 문장을 말한 다음 바로 반복 재생되는 자신의 음성을 영상과 함께 확인할 수 있다. 발음과 입 모양을 자세히 관찰할 수 있어서 발음 교정에 도움이 될 것이다. 물론 사진을 찍을 때도 좋다.

영작 번역 사이트 및 앱

최근에 영작 사이트를 사용해 본 적이 있는가? 인공지능 번역 서비스가 몇 있었지만 거의 사용할 수 없는 수준의 문장을 뱉어내곤 했다. 아직 사용해 보지 않았다면 최근에 새로 서비스를 시작한 이 사이트를 사용해보기 바란다. 카카오에서 만든 인공지능 번역 사이트이다. 현재 영어, 중국어, 일본어, 베트남어, 인도네시아어를 지원하고 있다. 한영 번역 수준이 상당히 높아졌음을 알 수 있다. 아주 긴 문장도 오래 걸리지 않고 순식간에 결과를 보여준다. 번역된 문장을 목소리로 바꿔서 읽어주는 TTS기능도 있다. 영어 스토리텔링을 준비할 때 카카오 번역, 구글 번역 창을 같이 열어놓고 번역결과를 비교하면서 사용하면 좋다. 주어, 동사, 목적어 등 문장요소가 잘 구성되어 있다면 아주 근접한 번역결과를 얻을 수 있다.

카카오번역 페이지(https://translate.kakao.com)

파파고, 지니톡과 같이 스마트폰에서 서비스되는 번역 앱도 있다. 지니톡은 평창 동계 올림픽 공식 통역 앱으로 좋은 평가를 받았다.

1) 파파고

파파고는 네이버에서 만들었고 인공지능 번역기능을 지원하는 휴대폰 앱 프로그램이다. 현재 한국어, 영어, 독일어, 베트남어, 태국어, 프랑스어, 스페인어, 아랍어, 인도네시아어, 러시아어, 일본어, 이탈리아어, 중국어를 지원한다.

텍스트를 직접 입력해서 번역할 수도 있고 필요한 내용을 음성으로 말하면 바로 번역해준다. 외국인과 1:1 대화가 필요한 상황에서 서로의 언어로 동시 대화가 가능할 정도로 빠르게 번역되며 카메라로 찍은 사진 속의 문장을 손가락으로 문지르면 번역해주는 기능도 있다. 사전 정보까지 제공하고 있다.

2) 지니톡

2018 평창 동계 올림픽 대회(평창 2018 공식 자동통번역 소프트웨어) 서포터로 채택되어 일반 외국인 관광객과 선수 및 코치진, 운영진까지 공식적인 통역기로 사용됐다. 자연스러운 번역 성능으로 좋은 평가를 받았다. 현재 한국어, 영어, 그리스, 네덜란드어, 노르웨이어, 덴마크어, 독일어, 러시아어, 루마니아어, 말레이어, 베트남어, 스웨덴어, 스페인어, 아랍어, 인도네시아어, 일본어, 이탈리아어, 중국어, 체코어, 태국어, 터키어, 폴란드어, 포르투갈어, 프랑스어, 핀란드어, 헝가리어, 힌디어를 지원한다.

음성인식 및 문자 입력 통역 앱, 말랑말랑 지니톡 GenieTalk

한컴이 한국전자통신연구원(ETRI)과 함께 만들었다. 음성 인식 통역과 문자 입력 번역, 이미지 번역 기능을 제공하는 자동 통번역 앱이다. 번역된 결과에 대해 입력된 언어로 발음 안내도 제공한다. 통역 또는 번역한 내용은 번역 기록에 자동으로 저장되며 즐겨찾기도 등록해서 사용할 수 있고 촬영한 사진 속 문자를 자동으로 인식해서 지정한 언어로 번역해주는 기능도 있다.

TTS(Text To Speech)는 문장을 음성으로 바꿔주는 기술을 말한다. 이 사이트에서 영어 문장을 입력하면 음성으로 바꿔서 출력해 준다. 목소리만 나오는 게 아니라 캐릭터가 나오는데 입을 움직이고 고개도 움직이며 해당 문장을 읽어 준다. 자주 사용되는 영어 문장은 사람이 읽는 것과 거의 동일하다. 남녀, 미국, 호주, 영국 등 10여 가지의 영어 목소리를 선택할 수 있다. 한국어나 일본어도 지원된다.

문장의 발음이나 억양이 궁금할 땐 이 사이트를 활용하도록 하자. 로그인이나 비용 없이 테스트해볼 수 있다. 현재 PC뿐 아니라 모바일도 지원하고 있다. 웹페이지에서 문장을 자동으로 읽어주는 기능이나 게임 목소리를 제공하는 등의 유료 서비스도 하고 있다. 시각장애인을 위한 서비스 등 다양한 형태로 적용할 수 있을 것으로 예상된다. 발음 연습용 원어민 목소리 일부는 이 사이트의 Julli와 James의 목소리로 녹음되었다.

사이트 주소는 http://www.ttsdemo.com이다.

묵음 처리되는 경우들[6]

어두에서 묵음

1. n 앞에 오는 k는 묵음 know([nóʊ], 알다), knife([náɪf], knee([níːl], 무릎 꿇다)

2. 첫머리에 오는 h는 일부 묵음 honest([ɑ́nɪst], 정직한), hour([áʊər], 1시간)

3. r 앞의 w는 묵음이라는 이론도 있는데 w가 r 발음과 합해져서 r만 소리 나는 것이라고 볼 수 있다.
   write([ráɪt], 쓰다), wrong([rɔːŋ], 틀린)

4. 어두에 오는 wh에서 h가 탈락하기도 하고 w가 탈락하기도 한다.
   what([wɑːt], [wʌt], 무엇), where([weər], 어디서), when([wen], 언제), why([waɪ], 왜),
   white([waɪt], 하얀), whistle([wísl], 휘파람) whole([hoʊl], 전체의), who([huː], 누구)

단어 끝에서 묵음

1. m 뒤의 b는 묵음: bomb([bɔm], 폭탄), climb([kláim], 오르다), thumb([θʌm], 엄지)

2. m 뒤의 n은 묵음: autumn([ɔ́ːtəm], 가을), column([kɑ́ːləm], 기둥)

3. 프랑스어 어원의 묵음: ballet([bǽleɪ], 발레), debut([deɪbjúː], 데뷔)

단어 중간에서 묵음

1. 어중의 gh는 묵음
   right([raɪt], 우측의), eight([éɪt], 8), light([laɪt], 빛), height([haɪt], 높이), neighbor([néɪbər], 이웃)

2. n 앞에 오는 g는 일부 묵음
   assign([əsáɪn], 배정하다), align([əláɪn], 나란히 하다), campaign([kæmpéɪn], 캠페인),
   design([dɪzáɪn], 디자인하다), foreign([fɔ́ːrən], [fɑ́ːrən], 외국의)

3. 어중에서 t가 다른 자음과 같이 있는 경우 일부 묵음
   castle([kǽsl], 성), often([ɔ́ːfn], [ɑ́ːfn], 자주), listen([lísn], 듣다)

4. d, k, m, f와 함께 사용된 l은 묵음
   could, should, would, chalk([ʧɔ́ːk], 분필), walk([wɔːk], 걷다),
   talk([tɔːk], 이야기하다), palm([pɑːm], 손바닥), half([hæf], 절반), salmon([sǽmən], 연어)
   예외) mould([moʊld], 거푸집 틀)

5. t 앞의 b는 묵음이 된다.
   doubt([daʊt], 의심하다), debt([det], 빚), indebt([indét], 빚지게 하다)

---

[6] 출처: 나무위키(https://namu.wiki/w/묵).

많은 분들이 이렇게 말한다. '영어 발음은 시기를 놓치면 익히는 것이 어려워!', '해봤는데 안 돼!', '이미 나이가 지났으니까 발음은 일단 포기해!', '의사소통만 되면 되니까', '완벽한 영어 발음을 하려고 애쓰는 건 시간 낭비야!'. 영어 발음 일단 포기하자고 주장한다. 발음이 중요한 게 아니니 발음 공부에 시간을 뺏기지 말자고 한다. 그런데 가장 기본이 되는 영어 발음을 제대로 익히지 않고서 한국식 발음으로 열심히 읽고 외우면 어떻게 될까? 영어를 잘하기 위한 목표에 가까워질까?

영어 발음을 공부하지 않고 영어를 잘해보겠다는 것은 알파벳을 모르는 아이가 토익 문제 풀이를 외우는 것만큼 어리석은 일이다. 목표까지 가는 길이 점점 더 멀어질 뿐이다. 늦었더라도 영어 발음 체계를 다시 잡아야 하는 이유는 분명하다.

① 영어 발음을 한국식 발음으로 번역한다

- 발음의 기준이 제대로 정립되지 못하면 영어 발음을 한국어식으로 바꿔서 읽게 되고 한국어식 발음으로 기억하게 된다

한국인은 영어를 많이 어려워한다. 오랜 시간을 배우고 익혔는데도 영어실력은 좀처럼 나아지지 않는다. 우리말과 어순이 다른 것도 어려운 원인의 하나이겠지만 첫 번째 이유는 발음 때문일 것이다.

우리가 한국식 발음으로 영어를 말하면 외국인들은 영어로 바꾸는 과정을 거쳐야 이해할 수 있다. [b]를 우리말 'ㅂ'으로 발음하면 원어민에게 [p]로 들린다. [æ]를 그냥 우리말 '애'로 발음하면 원어민에게 [e]로 들린다. 심지어 우리가 'ㄴ'을 빠르게 발음하면 [d]가 되기도 한다. 원어민은 영어가 익숙해서 문장으로부터 빠르게 추측해 내고 이해하긴 하지만 많이 답답해한다. 한국식 영어 발음에 익숙하지 않은 외국인이라면 대화를 계속하기 어려워진다.

반대로 한국인은 한국식 발음을 기준으로 원어민의 소리를 이해하려고 시도한다. 잘 안 들린다. 항상 한국식 발음으로 읽고 이해하고 외웠으니까 당연한 일이다.

- 영어 단어나 문장을 한국어식으로 기억하면 원어민의 말을 한국어식 발음으로 다시 번역해야 한다

원어민의 발음과 한국어식 발음은 분명히 큰 차이가 있으니까 당연히 번역을 거쳐야 이해가 될 것이다. 그런데 [f]가 'ㅍ'으로 [v]가 'ㅂ'으로 들리거나 [θ]가 'ㅆ'로 바뀌어 들린다면 이해하기 어려워진다. 모음은 더 다양한 변화를 하기 때문에 정확한 단어나 문장을 해석해내기 더 어려워진다. 문화가 다른 데서 오는 표현 차이도 있고 어순도 다른데 발음까지 번역하려다 보니 상대방의 말을 빨리 이해할 수가 없는 것이다.

우리는 상대방의 말을 이해하지 못한 경우 습관적으로 입으로 되뇌면서 뜻을 생각해 내는데 한국어 발음으로 바꿔 되뇌면서 영어 문장을 이해하는 것은 불가능하다. 우리가 영어 발음을 먼저 익혀야 하는 이유가 여기 있다.

기타 악보를 손가락이 외운다

기타(특히 클래식 기타)를 칠 때 왼손과 오른손 손
가락이 분주하게 움직이면서 연주를 한다.

그런데 궁금증이 생긴다. 음표가 저렇게 많은데 어
떻게 기억해서 연주하지? 클래식 기타 악보에는 음
표뿐 아니라 왼손과 오른손 손가락 번호도 표기되
어 있다. 하지만 악보 전체를 외워서 연주하지 않는
다. 중심 멜로디나 표현을 어떻게 할 것인지만 머리
로 외우고 화음 코드를 짚는 손가락의 모양, 움직
임, 동작 자체는 손가락이 알아서 움직인다. 어느
정도만 연습하면 누구나 그렇게 된다. 완벽하게 외웠던 곡은 몇 년이 흐른 뒤에도 손이 움직여 연주한다. 머
리는 기억을 못 해도 손가락 기억은 사라지지 않는다. 아마 손가락의 움직임을 관장하는 뇌 부위와 악상이
나 멜로디 자체를 외우는 뇌 부위가 달라서 그런 것으로 보인다. 그래서 악곡은 손가락이 외우는 거라고 표
현하기도 하는 것이다. 영어 발음도 마찬가지 아닐까? 입술 모양, 혀 위치, 성대를 울릴지 말지에 대한 결정,
이런 것들이 처음에는 복잡하고 어려운 일일 것이다. 어떤 단어를 듣거나 떠올릴 때 혀가 알아서 움직이도
록, 그렇게 혀가 기억하도록 연습해 보자. 물론 정확한 원리나 체계를 알고 연습해야 한다.

② 정확한 발음으로 또박또박 말해보자

제대로 된 발음으로 또박또박 말하면 외국인들이 참 좋아한다. 외국인과 대화하는
것이 즐거워질 것이다. 외국인과 자꾸 대화하고 싶어질 것이다. 또 문법이나 독해를 공
부할 때 문장을 한 번 읽는 것만으로도 쉽게 발음을 익힐 수 있게 된다. 영어 발음은 기
준이 우리말과 다르기 때문에 어려운 것이지 발음 그 자체가 어려운 건 아니다. 우리의
말 입 모양과 영어의 입 모양 차이를 명확히 알고 배우면 결코 어렵지 않다.

지금까지는 그 체계를 누구도 알려주지 않았다. 지금이라도 체계를 갖춰서 익히고 연
습하면 훨씬 빠른 시간에 원하는 수준의 영어 발음을 할 수 있을 것이다.

나이와 상관없다. 영어의 입 모양 변화 원리를 이해하고 그 원리만 기억하면 누구나
짧은 시간 안에 정확한 영어 발음을 구사할 수 있다.

입의 움직임을 텍스트로 표현하려니 어려운 점이 많았다. 이 책에서 이해되지 않는 부분은 동영상 강좌를 활용하면 좋겠다.

영어 발음은 영어를 배우는 데 있어서 첫걸음을 내딛는 것과 같다. 발음을 먼저 제대로 공부하지 않고 회화를 공부하고 문법을 공부한다는 것은 사상누각이다. 의사소통이라는 영어 공부의 본질을 망각하는 것이다.

영어 발음을 원어민과 똑같이 하기는 매우 어렵다. 원어민과 같은 속도로 말하기는 더 어렵다. 속도보다는 표준에 맞는 정확한 발음을 하는 것을 목표로 했으면 한다. 표준에 가까운 발음을 하는 것은 그리 어렵지 않고 오히려 원어민보다 더 잘할 수 있다. 영어는 국제 언어이고 원어민만 상대하기 위한 것이 아니다. 전 세계인이 잘 알아들을 수 있는 정확하고 분명한 발음으로 말할 수 있도록 연습하자. 단시간에 원어민처럼 빠르게 말하는 것은 어렵겠지만, 발음 원리를 이해하는 것과 천천히 정확한 발음을 하는 것은 이 책을 통해 충분히 가능할 것이다. 자녀의 발음 지도는 넉넉히 해줄 수 있게 될 것이다.

영어는 억양이 중요한 부분을 차지하지만 이 책에서는 모음, 자음의 발음 위주로 설명하느라 상세하게 다루지 못했다. 추후 개정판에서 추가해서 다뤄보고 싶다.

영어 발음에 관심을 갖고 인터넷을 뒤진 지 불과 며칠 만에 IPA를 찾아냈다. 각 나라 말의 소리를 문자로 정리한 발음 표준이다. 처음에는 다소 복잡해서 바로 이해하기에 어려움이 있었지만, 추가로 IPA를 검색해보니 대단한 것임을 바로 알 수 있었다. 특히 주목할 것은 모음을 정리한 자료가 있었다는 사실이다. 영어 모음은 미지의 세계였는데 말이다. 영어에서 사용하는 모음만 남기고 해석을 새롭게 한 것이 바로 Jacky 모음 차트이다. 설명 방법을 조금만 달리하니까 개념이 아주 깔끔해졌고 '정말 좋은 영어 발음 공부의 도구가 될 수 있겠구나'라고 생각했다. IPA 자료들을 연구하고 정리하면서 이렇게 좋은 표준을 진작 국가적인 교육 교재로 활용했으면 어땠을까 하는 생각을 많이 했다. 지금이라도 이 책을 출간하게 되어 참 다행이라는 생각이 든다. 많은 분들에게 도움이 되길 바란다.

2019년 4월
저자 안병석